Christiane ten Hoevel / Andreas Ken Lanig

Design und Kunst

Christiane ten Hoevel / Andreas Ken Lanig

Design und Kunst

Kreativität als verbindendes Konzept

kopaed (muenchen)
www.kopaed.de

Bibliografische Information Der Deutschen Nationalbibliothek Die Deutsche Nationalbibliothek verzeichnet diese Publikation in der Deutschen Nationalbibliografie; detaillierte bibliografische Daten sind im Internet über http://dnb.ddb.de abrufbar.

Gender-Hinweis: Zur besseren Lesbarkeit wird in diesem Buch das abwechselnde Gendern oder die Ergänzung :innen verwendet. Die in diesem Buch verwendeten Personenbezeichnungen beziehen sich – sofern nicht anders kenntlich gemacht – auf alle Geschlechter.

Illustrationen und Covergestaltung: Marcel Franke

ISBN 978-3-96848-140-1
eISBN 978-3-96848-740-3

Druck: docupoint, Barleben

Arnulfstr. 205, 80634 München
Fon: 089. 688 900 98 Fax: 089. 689 19 12
e-mail: info@kopaed.de Internet: www.kopaed.de

Inhaltsverzeichnis

Einleitung und Buchidee

Einleitung: Design als Lebensweg

Design scheint auf den ersten Blick oft in eine von zwei Schubladen gesteckt zu werden: Entweder wird es als formale, meist staatlich geregelte akademische Ausbildung wahrgenommen, oder als semi-professionelle, amateurhafte Nebenbeschäftigung. Die gängige Vorstellung suggeriert, dass der Weg zur Künstler:in durch die Pforten einer Kunstakademie führt und die wahre Kreativität erst durch diesen institutionellen Segen entfacht wird. Doch diese Vorstellung übersieht eine wesentliche Wahrheit: Das kreative Schaffen kann und sollte ein integraler Bestandteil jedes gesellschaftlichen Daseins sein.

Wir möchten Design als eine Lebenshaltung präsentieren. Dabei öffnen wir das Fenster zu einer neuen Sichtweise: Design als Lebenskunst und Kreativkultur. Wir enthüllen die lebendige Verbindung zwischen dem scheinbar trivialen Alltag und der Kunst, die tief mit unserer Biografie und unserem Selbst verwoben ist. Daher rückt der Begriff der „Kultur" ins Zentrum unserer Betrachtung: Es ist etwas, dem wir uns täglich widmen müssen, im Austausch mit anderen, um ein reichhaltiges, kreatives Leben zu führen.

Durch die Seiten dieses Buches möchten wir dich einladen, diese Perspektive auch auf eine sehr pragmatische Weise zu erkunden und die Freude am Design und kreativen Ausdruck in deinem täglichen Leben zu entdecken. Jede Zeile, jede Erzählung zielt darauf ab, dir zu zeigen, wie Design und Kreativität nicht nur die Domänen der formell Ausgebildeten sind, sondern ein zugänglicher, belebender Teil unseres Daseins sein können.

Wer ist „Wir"?

Das ist zunächst Christiane ten Hoevel, eine Künstlerin aus Berlin, für die Kunst weit mehr als nur ein Beruf ist – es ist ihre Art, die Welt zu interpretieren, eine praktische Philosophie. Im kreativen Prozess des

Zeichnens und Gestaltens findet sie eine produktive Verbindung zwischen Körper und Geist, zwischen Hand und Intellekt. Nach ihrem Abschluss des Studiums der Freien Kunst, mit einem Schwerpunkt in multimedialer Gestaltung im Jahr 1992, hat sie ihr Wissen und ihre künstlerische Neugier seit 2002 an verschiedenen Hochschulen und Akademien weitergegeben. Ihr Weg ist geprägt von zahlreichen Ausstellungen, Preisen und Vorträgen, die ihre tiefe Leidenschaft für die Kunst und das Lehren widerspiegeln.

An ihrer Seite haben wir Andreas Ken Lanig, der eine dynamische Palette von Berufsrollen lebt. Als Coach in Ausbildung, selbständiger Designer und Studiengangsleiter für Kommunikationsdesign und Technische Redaktion, prägt er die intellektuelle Landschaft an der DIPLOMA Hochschule. Sein besonderes Interesse gilt der virtuellen Fernlehre in gestalterischen Fachbereichen, einem Gebiet, in dem er auch promoviert ist. Die Bandbreite seiner Tätigkeiten und sein Einfluss manifestieren sich deutlich in seiner Rolle als Fachbereichsleiter für Gestaltung und Medien. Durch die unterschiedlichen, sich jedoch ergänzenden Perspektiven von Christiane und Andreas bietet dieses Buch eine reiche, facettenreiche Betrachtung der Themen Kreativität und gestalterisches Schaffen.

Die beiden bringen ihre umfassende Erfahrung aus der akademischen Designlehre in dieses Buch ein. Der Kernpunkt jedoch ist, dass sich die besprochenen Studiengänge an Erwachsene richten, die eine Integration von Studium, Familie und Beruf anstreben und realisieren müssen. Ihre Einsichten stammen aus einem aktuellen sowie jahrzehntelangen hybriden Hochschulprojekt. Diese Erfahrungen illustrieren, wie Lernende digital zusammenkommen und eine kreative Gemeinschaft formen, die gleichzeitig den akademischen Ansprüchen gerecht wird.

Nach dieser einführenden Vorstellung möchten wir, Christiane und Andreas, dich, liebe Leserin und lieber Leser, herzlich einladen, Teil unserer Lerngemeinschaft zu werden. Denn dieses Buch ist kein gewöhnliches Lehrwerk. Vielmehr verstehen wir es als lebendiges Medium, das dich in deinem Prozess des Selbststudiums begleitet und unterstützt. Es ist unser Ziel, nicht nur Wissen zu vermitteln, sondern auch einen Raum für Dialog und Austausch zu schaffen. Wir möchten dich ermutigen, aktiv mit den Inhalten dieses Buches zu interagieren. Stelle Fragen, hinterfrage unsere Ansichten und teile deine eigenen Erfahrungen und Erkenntnisse. Durch diesen wechselseitigen Austausch wird unser Buch zu einem „verschriftlichten Methodenseminar“, in dem wir gemeinsam neue Wege und Perspektiven erkunden können. Im Geiste der Seminaristik und kollegialen

Verbundenheit sprechen wir dich mit dem „Du“ an, um eine Atmosphäre der Offenheit und des Vertrauens zu schaffen. Wir sehen dich nicht nur als Leserin oder Leser, sondern als aktiven Teilnehmer und Mitgestalter dieses Lernprozesses – sei neugierig, sei kritisch und vor allem, sei ein Teil unserer Gemeinschaft. Wir freuen uns auf den Austausch mit dir!

In diesem Buch geht es uns um die Weiterentwicklung.

Resilienz – ein Begriff, der ursprünglich aus der Psychologie stammt und die Anpassungsfähigkeit an Probleme und Veränderungen bezeichnet – nimmt eine zentrale Rolle ein. Im gestalterischen und künstlerischen Leben geht es darum, Rückschritte, Niederlagen und Stagnation als Möglichkeiten zu sehen, unbewusste Prozesse zuzulassen und aus ihnen zu lernen. Die Erfahrung, insbesondere durch die praktische künstlerische Arbeit, steht in diesem Buch im Zentrum, da sie einen individuellen Prozess repräsentiert. Dieser individuelle Prozess interagiert stark mit den sozialen Rollen, die künstlerische Berufe in unserer Gesellschaft einnehmen.

In einer Gesellschaft, die oft kurzfristiges Vergnügen und Belohnungen betont, besteht die Herausforderung darin, eine tiefere Zufriedenheit und Verbundenheit durch künstlerisches Schaffen zu erlangen. Wir meinen, dass die Gesellschaft zwar einen gewissen Komfort bietet, jedoch das Konsumverhalten oft keinen Raum für tiefe Zufriedenheit und Resilienz lässt. Künstlerisches Tun birgt das Potenzial, diese Lücke zu füllen, indem es eine tiefere Zufriedenheit und Verbundenheit ermöglicht.

Verschriftlichtes Atelier

In diesem Buch fließen unsere Erfahrungen aus dem Präsenzunterricht sowie aus dem Online-Kontext ein, um die oft empfundene isolierte Situation beim Lesen dieses Werkes aufzugreifen und zu respektieren. Wir erkennen die Einzigartigkeit des stillen Raums, den das selbstständige Lesen und Reflektieren bietet. Dieser Raum der Stille und Reflexion, den das Lesen dieses Buches mit sich bringt, begreifen wir als Potenzial, das wir gemeinsam nutzen wollen.

Im Kontext des Präsenzunterrichts erleben wir das direkte, persönliche Feedback und den dynamischen Austausch, der die individuelle und kollektive Reflexion anregt. Ebenso bietet der Online-Kontext trotz seiner scheinbaren Distanz, durch digitale Tools und Plattformen, Möglichkeiten für Interaktion, Diskussion und gemeinsames Lernen, die eine andere, aber ebenso wertvolle Form der Gemeinschaft und des Austauschs schaffen. Die Erkenntnisse und Erfahrungen aus beiden Lehrkontexten dienen als Brücke, um die isolierte Situation beim Lesen dieses Buches nicht nur zu adressieren, sondern auch zu nutzen. Wir laden dich ein, die Stille und die Reflexionsmöglichkeiten, die das Lesen bietet, als ein Potenzial zu sehen, das deine persönliche Resilienz und dein kreatives Denken fördern kann. Gleichzeitig möchten wir dich ermutigen, die in diesem Buch vorgestellten Konzepte und Methoden als Ausgangspunkt für den Austausch mit anderen zu nutzen, sei es in einem physischen Raum oder in einem digitalen Umfeld. Durch die Kombination aus persönlicher Reflexion und sozialem Austausch streben wir danach, eine tiefere, bereichernde Lernerfahrung zu schaffen, die die Resilienz stärkt und die Freude am kreativen und gestalterischen Prozess fördert.

In der Methodik dieses Buches spiegelt sich ein reiches Spektrum an Erfahrungen und Begegnungen aus dem schulischen und hochschulischen Kontext von Kunst und Design wider. Über die Jahre hinweg hatten wir die Gelegenheit, mit unzähligen Künstler:innen und Gestalter:innen sowohl auf der Seite der Lernenden als auch der Lehrenden zu arbeiten. Die Essenz und die Summe dieser vielschichtigen Erfahrungen finden hier ihren Niederschlag. Wir schöpfen aus dem Reservoir unserer Erinnerungen und haben zudem viele Gespräche in Form von Interviews mit Studierenden und Absolvent:innen geführt, um ein breites Spektrum an Perspektiven und Erfahrungen einzufangen. Vielen Dank an dieser Stelle für alle Gespräche. Diese Vielfalt an Stimmen und Facetten ist von zentraler Bedeutung. Sie verleiht den Aussagen des Buches nicht nur eine größere Validität, sondern drückt auch unsere Überzeugung aus, dass persönliche Entwicklung stets eine Entwicklung mit und durch anderen Menschen ist. Die geführten Gespräche bewegen sich innerhalb des Kernbereichs von Kunst und Design, doch sie überschreiten auch diese Grenzen. Wir haben es als wichtig erachtet, den Dialog mit benachbarten Fachdisziplinen zu suchen, um deren Perspektiven zu verstehen und abzubilden. Dieser interdisziplinäre Austausch bereichert die methodische Ausrichtung des Buches und ermöglicht es, das Feld des Designs und der kreativen Arbeit in einem größeren Kontext zu betrachten. Durch diesen breiten methodischen Ansatz streben wir danach, dir eine tiefere und vielschichtige Einsicht in die Welt des kreativen Schaffens zu ermöglichen. Wir laden dich ein, die vielen Facetten des Designs und der Kunst durch eine Vielzahl von Blickwinkeln zu erkunden und zu erfahren.

Kunst und Design

Das schlagende Herz unseres kreativen Schaffens ist unsere These, dass Design und Kunst trotz ihrer Unterschiede viel gemeinsam haben. Zunächst ist unbestreitbar, dass Design ein künstlerischer Beruf ist, ausgelöst durch einen Auftrag, der das Verweben symbolischer und emotionaler Inhalte erfordert, um Kommunikation zu ermöglichen. Dies ist ein gemeinsamer Nenner sowohl im Design als auch in der Kunst, wobei im Design dieser kommunikative Aspekt häufig stark ausgeprägt ist, während er in der angewandten Kunst etwas weniger betont wird.

Die wesentliche Differenzierung zwischen freier Kunst und angewandter Gestaltung (Design) lässt sich wohl am besten über den Auftragskontext verstehen. Freie Kunst, die sich etwa in Formen wie Malerei, Bildhauerei, Illustration, Fotografie, Film, Performance, Konzeptkunst und Installation manifestiert, wird oft selbst in Auftrag gegeben und folgt einer persönlichen oder gesellschaftlichen Erkundung. Andererseits wird angewandte Gestaltung, erkennbar in Bereichen wie z.B. Kommunikationsdesign, Grafik-Design, Produktdesign oder Modedesign, häufig durch externe Aufträge angetrieben, wobei das Ziel ist, konkrete kommunikative oder funktionale wie auch natürlich kommerzielle Anforderungen zu erfüllen.

Diese Unterscheidung von selbst beauftragt und von außen beauftragt beleuchtet ein fundamentales wirtschaftliches und kommunikatives Verhältnis, das die verschiedenen Kontexte und Zielsetzungen von Kunst und Design hervorhebt. Jedoch möchten wir in diesem Buch eine künstliche Trennung vermeiden und stattdessen den Fokus auf die Synergien und die gegenseitige Bereicherung legen, die aus dem Dialog zwischen freier und angewandter Kunst und Design entstehen können. Im öffentlichen Raum und im Bereich der kulturellen Bildung und Beratung sehen wir, wie viele Kolleginnen und Kollegen sich selbst auferlegte Aufgaben in den Dienst der Gesellschaft stellen, indem sie Kunst und Design als Werkzeuge für soziale und kulturelle Diskurse nutzen. Selbst im kommerziellen Umfeld des Grafik- und Kommunikationsdesigns sind die Grenzen zwischen diesen Bereichen fließend. Sie müssen es auch sein, denn die Schnittmenge zwischen beispielsweise Illustration bzw. Grafik-Design zeigt auf, dass es sowohl selbst beauftragte als auch extern beauftragte Projekte gibt. Dies unterstreicht die Bedeutung von Diversität und Flexibilität innerhalb des gestalterischen Spektrums. Unsere Kernthese und Überzeugung ist, dass die Herangehensweisen an gestalterische Lösungen in all diesen Bereichen ähnlich sind, und dass die Entdeckung methodischer Parallelen zwischen freier und angewandter Kunst und Design wesentliche Synergien schafft.

In diesem Buch nehmen wir uns daher die Freiheit, Kunst und Design als ein Kontinuum kreativen Schaffens zu sehen, das sich durch gegenseitige Bereicherung und einen fruchtbaren Austausch auszeichnet. Durch die Erkundung dieser Beziehungen streben wir danach, ein tieferes Verständnis und eine breitere Perspektive auf das kreative und gestalterische Lernen und Praktizieren zu bieten, das in der heutigen vielfältigen und vernetzten Welt von entscheidender Bedeutung ist. In dieser Art will dieses Buch sowohl als fachliches Handbuch als auch als praktischer Leitfaden dienen, um individuelle Fähigkeiten für künstlerisches Arbeiten in gestalterischen Kontexten zu entwickeln. Es bietet bewährte Konzepte zur Kultivierung persönlicher Kreativität und liefert den Leser:innen Inspiration, Denkweisen sowie einige praktische Ansätze in der digitalen Lern- und Arbeitswelt. Es richtet sich an Quereinsteiger, die sich bereits auf dem Weg zur Professionalisierung befinden, an Design-Studierende und an Fachleute in der Orientierungsphase.

Aufbau des Buches

Die Struktur dieses Buches folgt einem didaktischen Ansatz, der es den Leserinnen und Lesern ermöglicht, sich die Inhalte selbst anzueignen, ähnlich einem Selbstlernkurs. Wir haben das Buch in verschiedene Abschnitte unterteilt, um einen stufenweisen und nachvollziehbaren Lernprozess zu fördern.

- Zu Beginn widmen wir uns im Abschnitt „Das Kreative als Konzept" den Grundlagen der Kreativität. Hier untersuchen wir grundlegende Modelle wie das Vier Phasen Modell nach Hermann von Helmholtz und den Schaffensprozess nach Mihály Csíkszentmihályi und bereichern sie mit Erfahrungswerten aus der Lehre.
- In „Woher kommt das Neue?" vertiefen wir die konzeptionelle Untersuchung des kreativen Prozesses. Hier lernen die Leserinnen und Leser unter anderem das „Denken mit der Hand" durch praktische Übungen und verschiedene Methoden kennen. Wir diskutieren die Dynamik der Teamarbeit sowie den Einfluss von Freiheit und Regeln im kreativen Kontext.
- „Vom Kopf in die Welt" gehen wir über Methoden und Techniken zu kreativen Gedanken und Ideen, um sie auf die Realität zu übertragen.

Wir betonen die Bedeutung der Reflexion und der Auswahl geeigneter Werkzeuge, einschließlich der Einbindung künstlicher Intelligenz, und machen deutlich, dass die Kultivierung von Kreativität wichtiger ist als die Verwendung von Kreativitätstechniken.

- In jedem Kreativprojekt müssen wir „konkret und fertig werden“: Das Projektmanagement in künstlerischen Kontexten liefert wichtige Einsichten zur Steuerung von Designprozessen. Wir zeigen eine sechsteilige Phasenstruktur für Designprozesse auf und erklären diese anhand von Praxisbeispielen.
- Künstlerisches Tun verläuft in den meisten Fällen im Rahmen einer Freiberuflichkeit und damit einer wirtschaftlichen Selbstständigkeit. Das thematisieren wir, indem wir uns in „Ich bin eine Marke“ auf die Entwicklung, Präsentation und Positionierung der eigenen Marke fokussieren. Wir zeigen Methoden zur nachhaltigen Selbstfürsorge und zur Verbesserung der eigenen Marktposition auf. Die Zusammenarbeit mit anderen besprechen wir in „Ich bin viele“. Dort soll es um das Hegen und Pflegen persönlicher und intellektueller „Ökosysteme“ gehen. Wir erklären, wie man eine positive Grundhaltung kultiviert, selbst in Zeiten von Zweifel und Herausforderungen.
- Im abschließenden Abschnitt „Abschluss und Ausblick für gestaltende Autor:innen“ fassen wir die zentralen Themen und Konzepte zusammen und geben einen Ausblick für zukünftige kreative Tätigkeiten.

Der Gestaltungsprozess als Erkenntnisprozess

In diesem Buch legen wir die Essenz einer Lehrmeinung dar, die lediglich eine von vielen möglichen Ansichten repräsentiert. Dies hervorzuheben ist von Bedeutung, da jede Auswahl einer Sichtweise eine individuelle Prägung mit sich bringt. Im facettenreichen Feld der Epistemik von Kunst und Design ist keine absolute Wahrheit zu erwarten; der Anspruch darauf kann leicht in die Gefahr einer ideologischen Verengung führen. Daher möchten wir, dass dieses Werk als Aussage, als Postulat und stellenweise auch als Essay verstanden wird. Wenn wir eine individuelle Wahrheit verkünden, so geschieht dies aus unserer eigenen künstlerischen Subjektivität heraus. Dies soll nicht einschränkend wirken, sondern dient der Transparenz und Selbstkritik. Das Wissen, das wir in diesen Seiten entfalten, ist eine Konstruktion aus dem, was wir z.B. durch die Reflexion eigener Erfahrungen für richtig erachten. Unsere Absichten, Argumente und die daraus entstehende Erzählung sind eingebettet in ein Netzwerk von persönlichen und kollektiven Erfahrungen, theoretischen Rahmen und praktischen Erkenntnissen. Wir regen in diesem Buch dazu an, gleichermaßen die eigene Position zu reflektieren, um neue Perspektiven und Herangehensweisen zu entdecken, die dein kreatives und gestalterisches Schaffen bereichern.

In diesem Buch laden wir dich ein, dich auf eine anregende Reise zu begeben, um deine Selbstkompetenzen und Denkstrategien zu entfalten und diese in „Communities of Practice" zu teilen und zu vertiefen. Das Buch leitet dich an, dein kreatives Streben als eine alltägliche und sinnstiftende Tätigkeit zu kultivieren, die auf einer festen inneren Haltung gründet. Wir versprechen dir eine Lektüre, die deine Sichtweise erweitert, deine kreativen Muskeln fordert und dich inspiriert, dein gestalterisches und künstlerisches Potenzial voll auszuschöpfen. Entdecke die Freude am kreativen Tun und lass dich von den vielfältigen Einsichten und praktischen Ratschlägen dieses Buches auf deinem Weg begleiten.

Christiane ten Hoevel

Andreas Lanig

Das Schöpferische als Konzept

Das erwartet dich in diesem Kapitel:

- Du erhältst einen Überblick darüber, wie Kreativitätstechniken in einen übergeordneten philosophischen Diskurs eingeordnet sind, was ein Echo der in der Einleitung diskutierten künstlerischen Wissensbildung ist.
- Du vertiefst dein Verständnis des kreativen Prozesses als einen hauptsächlich unterbewusst verlaufenden Vorgang und knüpfst damit an unsere Betrachtungen über die Rolle der inneren Haltung und des unbewussten Denkens an.
- Du erkennst die Bezüge zwischen den Theorien der Ideenfindung und den berufspraktischen Kreativitätstechniken und setzt somit den Dialog zwischen freier und angewandter Kunst und Design fort, den wir in der Einleitung angesprochen haben.
- Du leitest persönliche Handlungsprinzipien und Verhaltensmuster für ein „kreatives Leben" ab, was sich mit unserer Auffassung deckt, dass persönliche Entwicklung immer in Beziehung zu anderen stattfindet.

In der täglichen Auseinandersetzung mit Kreativität begegnen wir oft der Vorstellung, dass Kreativität eine Gabe ist, die nur wenigen Auserwählten in die Wiege gelegt wird. Ein Mythos, der Genies und Exzentriker ins Rampenlicht stellt, während die Mehrheit im Schatten der Konformität und Berechenbarkeit verweilt. Doch die Wirklichkeit des kreativen Prozesses ist weniger mystisch und weit zugänglicher, als uns diese alltäglichen Vorstellungen glauben lassen.

In unserem ersten Abschnitt „Das Schöpferische als Konzept" laden wir dich, liebe Leserin und lieber Leser, ein, die Welt der Kreativität aus einer ganz besonderen Perspektive zu betrachten – vergleichbar mit einem Ökosystem in der Natur. Hierbei verstehen wir Kreativität nicht als isoliertes Phänomen, sondern als Teil einer umfassenden „Kultur" im biologischen Sinne: Jede kreative Idee, ähnlich einer Pflanze, benötigt ein unterstützendes Ökosystem, um zu gedeihen.

In diesem Buch findest du keinen traditionellen Leitfaden, sondern eine Einladung, dich in deiner persönlichen Kreativitäts-Kultur zu entfalten. Wie in einem Garten, in dem verschiedene Pflanzen unterschiedliche Nährstoffe, Lichtverhältnisse und Pflege benötigen, so benötigt auch jede Person ein individuelles Umfeld für ihre kreative Entfaltung. Wir bieten dir Ansätze und Gedanken, die als Nährstoffe für deine Kreativität dienen können, und ermutigen dich, dein eigenes kreatives Ökosystem zu erkunden und zu kultivieren.

Der Prozess des kreativen Denkens wird hier in zwei Phasen entfaltet: Die Divergenz, wo Ideen wie Samen frei gestreut werden, und die Konvergenz, wo aus diesen Samen greifbare Konzepte wie Pflanzen sprießen. Es geht nicht darum, dir ein festes Muster des Denkens aufzuzwingen, sondern darum, ein Umfeld zu schaffen, in dem deine eigene Kreativität natürlich und nachhaltig wachsen und sich entfalten kann.

Indem wir Kreativität als eine Kultur im biologischen Sinne begreifen, erkennen wir die Bedeutung der Vielfalt und Individualität an. Jeder kreative Weg ist einzigartig, geprägt von persönlichen Erfahrungen, Umgebungen und Einflüssen. Unser Ziel ist es, dich dazu zu inspirieren, deine eigene kreative Landschaft zu gestalten und zu pflegen, um so dein volles kreatives Potenzial zu entfalten.

Das Schaubild des Double Diamond verdeutlicht die Dynamik des kreativen Prozesses, die sich zwischen zwei Polen abspielt: dem Öffnen des Denkens für neue Möglichkeiten und dem Fokussieren auf eine ausgewählte Lösung. Dieser Vorgang ist essentiell, um aus der Komfortzone auszubrechen und die Routinen des Denkens zu überwinden, die unser Gehirn aus einem natürlichen Instinkt heraus bevorzugt, da es stets bestrebt ist, Energie zu sparen.

Zu Beginn steht das divergierende Denken, welches ein breites Spektrum an Visionen und Ideen zulässt. Hier erlauben wir uns, über den Tellerrand hinauszuschauen und in einem idealisierten Zukunftsraum zu denken, wo die Frage „Was wäre, wenn?" den Ton angibt. Diese themengebundene Phase ist darauf ausgerichtet, den Horizont zu erweitern und neue Gedankenpfade zu erkunden. Sie ist entscheidend, denn je weiter wir unser Denken ausdehnen, desto größer wird der Pool der Möglichkeiten, aus dem wir schöpfen können.

Nachdem wir uns in diesem Raum weit ausgestreckt haben, tritt das konvergierende Denken in Aktion. Hier geht es darum, die generierten

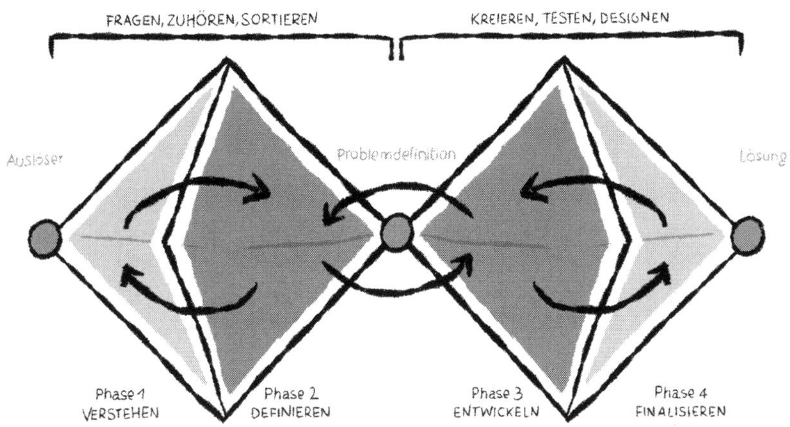

Abb. 1: Double Diamond (in Anlehnung an Kochanowska; Gagliardi 2022, 20)

Ideen zu bündeln und die tragfähigsten weiterzuentwickeln. Es ist der Übergang von der Ideenflut zur gezielten Auswahl, von weitläufigen Visionen zur präzisen Strategie. Dieser Schritt erfordert es, die machbaren Optionen zu identifizieren und sie mit der Vision in Einklang zu bringen. Visualisierungstechniken, wie Storyboarding, können dabei unterstützen, sich den Weg von der Gegenwart zur Zukunft klar vor Augen zu führen.

Der Double Diamond illustriert diesen Prozess und betont die Bedeutung der Balance zwischen dem Öffnen und Schließen unseres Denkens. Er fordert uns auf, die vertrauten Pfade zu verlassen und den Raum des Denkbaren zu erweitern. Denn in der Weite dieses Raums finden wir nicht nur mehr Lösungen, sondern verbessern auch unsere Fähigkeit, aus einem reichhaltigen Reservoir zu wählen. Indem wir uns bewusst sind, dass unser Gehirn zur Energieersparnis neigt, können wir gezielt Techniken einsetzen, die uns dabei helfen, diese natürliche Tendenz zu überwinden und unsere Kreativität voll zu entfalten.

Diese Phasen des kreativen Denkens sind nicht strikt voneinander getrennt, sondern fließen ineinander über. Das divergierende Denken nährt das konvergierende Denken mit einer Fülle von Ideen, und das konvergierende Denken wiederum schärft das divergierende Denken durch die Notwendigkeit, die Visionen auf das Machbare zu fokussieren. Das Zusammenspiel dieser beiden Denkweisen ermöglicht eine systematische Kreativität, die sowohl die Breite der Möglichkeiten als auch die

Tiefe der konkreten Umsetzung umfasst. So wird die Kreativität zu einem gestaltbaren und lebendigen Prozess, der den dynamischen Austausch zwischen dem Möglichen und dem Machbaren fördert.

Um dich auf die Arbeit vorzubereiten und eine innerliche Statuspassage zu vollziehen – ein Übergang, der dich mental von alltäglichen Gedanken in den Zustand fokussierter Kreativität führt –, kannst du eine achtsamkeitsbasierte Atemübung praktizieren. Diese Praxis hilft dir, dich zu zentrieren und deine kreative Energie zu aktivieren. In den folgenden Übungen zeigen wir dir, wie du diese beiden Phasen des kreativen Prozesses für dich nutzen und wie du durch Übung deine kreative Kompetenz schärfen kannst. Dazu wollen wir das oft mystifizierte Feld der Kreativität zu einem zugänglichen und erlernbaren Kompetenzbereich machen. Indem wir achtsamkeitsbasierte, psychologische und pragmatische Praxisvorschläge integrieren, unterstützen wir dich dabei, deine Fähigkeiten bewusst zu entwickeln und zu verfeinern.

Wir beginnen die Serie mit dieser Atemübung:

Übung: **Atemübung**

Ziel: Diese Übung dient dazu, die Konzepte des Textes durch körperliche Erfahrung zu vertiefen und ein tieferes Bewusstsein für die eigenen mentalen und physischen Prozesse zu entwickeln.

1. Vorbereitung: Setze dich aufrecht auf einen Stuhl oder den Boden. Dein Rücken sollte frei und gerade sein.
2. Atembeobachtung: Schließe die Augen und konzentriere dich auf deinen Atem. Beobachte, wie die Luft beim Einatmen in deine Lunge strömt, sich ausbreitet und wie dein Körper nach einer kurzen Pause die Luft wieder ausstößt.
3. Bewusstes Wahrnehmen: Spüre, wie dein Körper diesen Vorgang eigenständig durchführt. Du musst nichts tun, leisten oder bewerten.
4. Zählen der Atemzüge: Beginne, jeden Ein- und Ausatemvorgang zu zählen, bis du bei zehn angekommen bist. Danach beginne wieder bei eins.
5. Dauer der Übung: Führe diese Übung zunächst für einige Minuten durch und steigere dich langsam bis zu 10-15 Minuten.
6. Regelmäßige Praxis: Versuche, diese Übung täglich zu wiederholen. Mit der Zeit wirst du feststellen, wie du besser darin wirst, körperlich ruhig zu bleiben und deine Gedanken frei fließen zu lassen.

Nutze ein Reflexionstagebuch, um deine Erfahrungen und Gedanken während und nach der Übung zu dokumentieren. Dies hilft dir, deine Fortschritte zu verfolgen und tiefer in die Praxis einzutauchen.

Der kunstakademische Anspruch des Selbststudiums

Der akademische Anspruch des Selbststudiums öffnet die Tür zu einer persönlichen Transformation durch künstlerische Entwicklung, auch ohne den traditionellen Weg der Kunstakademie. Dieser Anspruch wird durch die Übung und das Streben nach persönlicher Veränderung in der Kunstpädagogik (Krautz 2013, 7) unterstrichen. Mit jedem geschaffenen Werk, jeder entfalteten Idee und jedem durchgeführten Designprojekt erlebt der kreative Mensch eine Veränderung, eine Weiterentwicklung seiner selbst. Kreativität wird hierbei als eine menschliche Konstante betrachtet, nicht nur als Mittel zur Erzeugung von „produktionsreifen" Ideen, sondern als ein Weg der menschlichen Entwicklung, der das Überdenken und Revolutionieren bestehender Auffassungen ermöglicht.

Die künstlerische Tätigkeit stellt in diesem Kontext einen nachvollziehbaren, visuellen und haptischen Weg der persönlichen Entwicklung dar. Jeder Mensch, und das zeigt sich besonders deutlich bei Kindern, hinterfragt das Bestehende und experimentiert. Diese Experimentierfreudigkeit, die oft subversiv und unbequem ist, liegt im Herzen der Kreativität. Jedes Kind, das die Raufasertapete mit Filzstiften bemalt hat, weiß, dass dieses Experimentieren sowohl riskant als auch erkenntnisreich ist. Ohne dieses Prinzip des Experimentierens und Ausprobierens wäre keine menschliche und kulturelle Entwicklung möglich.

Die Bereitschaft, sich auf dieses Prinzip des Experimentierens und der persönlichen Weiterentwicklung einzulassen, ist eine wesentliche Voraussetzung für den kreativen Weg. Und dies gilt auf allen Ebenen. Eine kleine Anekdote illustriert diesen Punkt: Professionelle Konzertmusiker üben täglich grundlegende Übungen wie Tonleitern, oft für mehrere Stunden. Dies mag auf den ersten Blick monoton erscheinen, ist aber eine notwendige Investition, um eine Virtuosität zu entwickeln. Ähnlich verhält es sich mit dem künstlerischen Denken: Auch hier ist ein breites Spektrum von Wissen und täglicher Übung notwendig, beispielsweise in Form von Zeichnen, Schreiben oder Kontemplation. Das künstlerische Selbststudium umfasst also eine breite Palette von Aktivitäten – von körperlicher Gymnastik über Arbeitstechniken bis hin zu Mentalübungen. Durch diese vielfältige Praxis entwickeln wir ein tieferes Verständnis und eine handfeste Kompetenz in unserer künstlerischen oder gestalterischen Tätigkeit, unabhängig von einem formalen akademischen Kontext. Die künstlerische Entwicklung ist ein harmonisches Zusammenspiel zwischen externen intellektuellen Impulsen und der eigenen Übung. Während die äußeren Impulse den Horizont erweitern und neue Perspektiven eröffnen, vertieft die persönliche Übung das Verständnis und die Fähigkeiten im gewählten künstlerischen Feld. Beides, sowohl die externen Impulse als auch die individuelle Praxis, sind auch außerhalb einer Kunstakademie und mit Bordmitteln erreichbar und machbar. Dieses Buch zielt darauf ab, genau diese Impulse zur Verfügung zu stellen und dadurch das Selbststudium zu fördern. Durch die im Buch angebotenen Denkanstöße und Übungen wird eine Plattform geschaffen, auf der du deine künstlerische Reise selbstständig fortsetzen kannst.

Zum Ende dieses Abschnitts möchten wir den Blick auf das Folgende richten, das nun den unbewussten Anteil von kreativen Prozessen beleuchtet. Die unbewussten Aspekte der Kreativität sind ein faszinierendes Thema, das unsere Reise in die Welt der künstlerischen Entwicklung weiter vertieft. Durch das Verständnis der Mechanismen, die im Verborgenen wirken, können wir einen authentischen und erkenntnisreichen kreativen Ausdruck fördern. Im nächsten Abschnitt werden wir erforschen, wie der unbewusste Geist als treibende Kraft hinter den kreativen Impulsen wirkt und wie wir durch das Eintauchen in unser Inneres unser kreatives Potential voll entfalten können. So wird die Brücke zwischen dem bewussten Lernen und Üben und dem unbewussten Fluss der Kreativität geschlagen, der eine nachhaltige und tiefgehende künstlerische Entwicklung ermöglicht.

Der unbewusste Anteil von Kreativitätsprozessen

Es ist eine weitverbreitete Vorstellung, dass der Geistesblitz aus dem Nichts kommt, ein Einfall von außen. Viele glauben ja, dass solche Einfälle von einer Muse geküsst werden, aber eigentlich ist es noch spannender: Die Ideen, die uns überraschen, sind oft schon lange in uns und kommen aus unserem Unterbewusstsein. Das bedeutet, dass du eigentlich alles, was du für eine Idee brauchst, bereits in dir trägst. Du hast schon unzählige Bücher gelesen, Filme gesehen, bist gereist und hast mit Menschen gesprochen. Du hast Dinge erlebt, die dich verletzt oder zum Zweifeln gebracht haben – all das ist wie ein riesiger Schatz in deinem Inneren, aus dem du schöpfen kannst. Wir schauen uns an, wie Denker wie Hermann von Helmholtz oder Mihály Csíkszentmihályi den kreativen Prozess beschreiben. Wir entdecken, wie Kreativität wirklich funktioniert und wie du dein eigenes kreatives Denken besser verstehen und nutzen kannst.

Ein interessantes Bild von dieser Ideenfindung, die in der Hauptsache im Unbewussten und damit im Dunkeln stattfindet, findet sich bei dem phänomenologisch ausgerichteten Philosophen Bernhard Waldenfels: Ideenfindung ist vergleichbar mit der „Gestaltbildung mit all dem, was aus der Gestalttheorie als Abhebung der Figur vom Grund, als Prägnanz der Form, als Ergänzung unvollendeter Gestalten oder als Kontrastwirkung bekannt ist. Auch die Gestaltbildung folgt keinen reinen Konstruktionsgesetzen, sie vollzieht sich auf einem pathischen Hintergrund. Dieses fällt uns auf und jenes nicht."Jedes Phänomen ist Effekt eines Kräftespiels; jede Affektion enthält als Coaffektion Keime eines Widerstreits, der durch keinen Konsens geschlichtet werden kann" (Waldenfels 2015, 31).

Die Metapher der Nacht für das hauptsächlich nicht willentlich steuerbare Denken beim Finden von Ideen hat der Dichter Sybren Polet in dem Text „Das Flattern der kreativen Fledermaus" (Polet 1993, 27-31) ausgedrückt. Er ist so aussagekräftig, dass er innerhalb dieser theoretischen Skizze über die Kreativität wiederholt werden darf:

> „Vielleicht kann vorläufig das Bild der Fledermaus dazu dienen, eine Vorstellung zu vermitteln, wie der Prozess in groben Zügen vonstatten gehen könnte. Die Fledermaus (der erteilte Auftrag, der empfangene Impuls) streift in einem dunklen Raum hin und her, auf der Suche nach verwendbaren oder entfernt verwandten Inhalten, Bildern, Worten (der Auftrag ist vage), und nimmt, unentwegt flatternd, auf, was aus dem immensen Innenraum zu ihrer Mission passt; es gibt unterschiedliche Grade der Verwendbarkeit, über die nicht gleich entschieden werden muss, das geschieht später: um den Bruchteil einer Sekunde später und fast simultan oder in einem bewussteren Stadium, zum Beispiel in der Phase der Feinabstimmung, Reflexion, Verifikation.
>
> Was die Fledermaus verwenden kann, bleibt an ihr haften und bestimmt während des weiteren Umherflatterns mit, was aufgenommen werden soll und was nicht, anfangs unter der Einschränkung, dass es vom initialen Auftrag nicht zu weit abweicht; in einem späteren Stadium, wenn die Fledermaus prall beladen ist mit Anhaftungen (Assoziationen), sind größere Abweichungen möglich, weil die angesammelten Inhalte eine gewichtigere Rolle zu spielen beginnen oder weil der Auftrag nach Rückkopplung und Reflexion entsprechend korrigiert worden ist. Die Fledermaus fliegt weiter und sammelt Anhaftungen, bis der Raum nach verwendbaren Worten, Bildern, Informationen abgetastet ist: das kann Minuten und auch Stunden oder Tage dauern und ist abhängig vom Umfang und von der Genauigkeit des Auftrags, von der Anzahl der Assoziationsmöglichkeiten, von den Tiefen- oder Entfernungspeilungen der Impulse, von der psychodynamischen Motivation, aber natürlich auch von der verfügbaren Menge an Energie, dem Reichtum an gespeicherten Informationen und der Trainiertheit des Gehirns, der Kraft des Gedächtnisses.

Oberflächlich betrachtet ist der Unterschied zum Abtasten des Computers gering: Herausgreifen allen relevanten Materials und Ignorieren des Irrelevanten. Es gibt jedoch vorerst zwei wesentliche Unterschiede: Der Auftrag kann sich im Verlauf des Prozesses selbst verändern, auch ohne, dass bei einem bewussteren Ich Rat eingeholt wird, und folglich seine eigene Komplexität und seine eigene Mission mitbestimmen oder anpassen; und zum zweiten werden nicht alle Möglichkeiten abgetastet wie beim klassischen Computer.

Auch in dieser Hinsicht verläuft der Prozess also deutlich anders: Die Anzahl an Informationen und Kombinationsmöglichkeiten ist ganz einfach zu groß, um in einer so kurzen Zeitspanne eine nach der anderen abgetastet und verarbeitet zu werden, und nur ein anderes Selektions- und Assoziationsprinzip kann hier eine Erklärung bieten. Auf der Hand liegt eine mehr globale Methode, soll heißen, eine Methode, die mit Gesamtheiten arbeitet und dabei in der Lage ist, nach Hierarchien zu sondieren; nur auf diese Weise kann sowohl die Hochgeschwindigkeit, in der sich der kreative Prozess vollzieht, wie auch die Treffsicherheit der Auswahl erklärt werden.

Davon abgesehen gibt es in der Phase des wilden, ungezähmten Denkens noch etwas, das durch computerartige Aktivität gekennzeichnet ist. Ist nämlich der Auftrag erst einmal erteilt (die Fledermaus losgelassen), dann gibt es kein Halten mehr: das fanatische Abtasten beginnt, Kontakte werden hergestellt, Kombinationen angegangen und die Funde in hohem Tempo ausgeworfen. In diesem Stadium hat es kaum Sinn zu entscheiden, dass es vorläufig genug sei, die Schleusen also zu schließen; im Innenraum voller Außenbewusstsein hört es nicht auf, zu blitzen und zu funkeln, stellen sich die Funde auch weiterhin ein, wachsen die Strukturen fort, verzweigen sich die Gedanken, auch wenn der so Beflügelte körperlich erschöpft ist, und selbst noch während des Schlafs oder während er an etwas anderes denkt. Nach einer Ruhephase kann eine zweite Runde folgen und eine dritte, zumal dann, wenn inzwischen eine Veränderung der Perspektive oder eine Erweiterung des Auftrags stattgefunden hat. Nach einem heftigen kreativen „Output" tropft es noch einige Zeit nach; dann, ziemlich abrupt, stoppt der Zustrom vollends: Alles verfügbare Material ist beisammen, weiteres Drängen und Zwängen hat keinen Sinn, weil das, was noch nachkommt, meist von geringerer Qualität ist.

Oft erweist sich das zuerst erbrachte Material als das treffendste und bedeutungsvollste, obwohl es auch vorkommen kann, dass die kreative Maschine erst später, nachdem sie anfangs nur mühsam in Gang gekommen war, auf volle Touren aufdreht. Das eine wie das andere hängt auch von der Trainiertheit der Intuition ab, vom Maß an Routine und von der Klarheit des Auftrags sowie natürlich von äußeren, darunter auch körperlichen Faktoren." (ebd., die Schreibweise ist im direkten Zitat von der Originalquelle übernommen.)

Die Theorie, dass Ideen eine ebenfalls willentlich nicht zu steuernde Zeit benötigen, wird in der Metapher des Raumes ausgedrückt. Schließlich kann die Fledermaus lediglich Hindernisse erkennen und umfliegen. Einzig über das „Zurückrufen" der Fledermaus ist es möglich, den Prozess zu kontrollieren. Im Text wird dabei darauf hingewiesen, dass in diesem Fall möglicherweise noch nicht der ganze Raum durchmessen ist und einige gute Ideen dabei wortwörtlich „auf der Strecke bleiben".

Die Fledermaus ist eine Metapher für das weitgehend Unbewusste unseres Denkens. Dieses Unbewusste bewegt sich im obigen Text im Dunkeln, eine weitere Analogie für diesen nur indirekt steuerbaren Prozess. Deshalb ist es wichtig, die eigene Intuition zu entwickeln, zu trainieren und das Vertrauen zu gewinnen, diese Gedanken als Ideen zu erfassen. Eine wichtige Übung dazu ist der scheinbare Zufall, der unsere Fledermaus auf diese Ideen bringen kann oder umgekehrt: durch den Umgang mit dem scheinbaren Zufall bringen wir unsere innere Fledermaus zum Sprechen. Dieser sehr spielerische Prozess wird in der nächsten Übung angesprochen.

Übung: **Strukturen in der Zufälligkeit entdecken**

Ziel: Diese Übung zielt darauf ab, das unbewusste, kreative Potential zu erkunden und eine spielerische Herangehensweise an den Gestaltungsprozess zu fördern. Sie hilft dir, in Kontakt mit den unbewussten Teilen deines kreativen Prozesses zu kommen und die Fähigkeit zu stärken, in zufälligen Strukturen kreative Inspiration zu finden. Das kann es erleichtern, dem Unbewussten in deinem kreativen Prozess vertrauensvoll zu begegnen.

1. Material finden: Suche dir eine zufällige Struktur wie Wolken am Himmel, die Maserung eines Holzfußbodens oder eine Raufasertapete.
2. Fotografieren oder Frottage erstellen: Mache ein Foto der Struktur oder lege ein Blatt Papier darauf und reibe es mit einem weichen Bleistift oder Graphit, um eine Frottage zu erstellen.
3. Assoziationen zulassen: Betrachte das Foto oder die Frottage und lasse deiner Fantasie freien Lauf. Entdecke Gestalten, Tiere, Gesichter oder andere Formen in den zufälligen Mustern.
4. Reflexion und Dokumentation: Notiere deine Entdeckungen und Gedanken in deinem Reflexionstagebuch. Diese können als Inspiration für zukünftige Projekte dienen.
5. Spielerisches Entdecken: Versuche, dich von rationalem Denken zu lösen und ein kindliches, entdeckendes Verhalten zu praktizieren. Genieße den Prozess der Entdeckung und sei offen für das, was sich zeigt.

Kreative Arbeit als körperliche und geistige Tätigkeit

Wir haben bereits auf die geheimnisvolle und zuweilen auch angstmachende Charakteristik des kreativen Prozesses hingewiesen. Diesem Phänomen ist Bernhard Waldenfels mit dem Begriff der „Diastase" nachgegangen. In seiner Philosophie zum künstlerischen Prozess arbeitet er heraus, wie sehr dieser Moment paradox und deshalb so schwer verständlich ist:

> „Es geschieht etwas zwischen uns, was uns aufschreckt, anrührt, angeht, anspricht, was trennen verbindet und verbindend trennt. (...) als Riss, ohne etwas, das zerreißt, als Spalt ohne, etwas dass ich aufspaltet, als Pause, ohne etwas das aufhört und wieder beginnt, als Abweichung ohne etwas, das abweicht – und so eben auch als Diastase ohne etwas, das auseinander tritt. 'Diastase' bezeichnet einen Differenzierungsprozess, in dem das, was unterschieden wird, erst entsteht." (Waldenfels 2002, 174)

Diese geheimnisvolle Paradoxie verleiht dem kreativen Alltag eine gewisse Magie und lädt dazu ein, in das erwähnte Vier-Phasen-Modell einzutauchen. Es verdeutlicht, warum der kognitive Prozess einerseits ein Mysterium ist und gleichzeitig stark von persönlicher Hingabe zur jeweiligen Fragestellung beeinflusst wird. Diese Hingabe erfordert nicht nur geistige, sondern auch körperliche und emotionale Energie, was den kreativen Prozess zu einer Herausforderung für Körper und Geist macht.

Die vorangegangenen literarischen und wissenschaftlichen Erörterungen sollen verdeutlichen, dass Kreativität auf einem reichen und komplexen theoretischen Fundament beruht. Daher sollten wir uns davor hüten, Kreativität als bloßen Mythos abzutun. Vielmehr geht es darum, diese Kompetenz systematisch zu erlernen und sich immer wieder aufs Neue anzueignen. Dieses Verständnis wird uns auf unserer Reise durch das Vier-Phasen-Modell der Kreativität begleiten.

Das Vier-Phasen-Modell nach Hermann von Helmholtz

Die Phasen der unterschiedlichen Kreativitätsmodelle haben gemeinsam, dass sie bis zur Hälfte des Prozesses unbewusste Anteile annehmen. So finden sich diese Theoriemodelle in den aktuellen Ansätzen wie dem „Design Thinking" wieder.

In der Theorie zur Kreativität finden wir häufig ein Modell mit vier Phasen. Dieses Modell wurde in seinen Grundzügen bereits 1889 von dem Physiologen und Physiker Hermann von Helmholtz beschrieben und

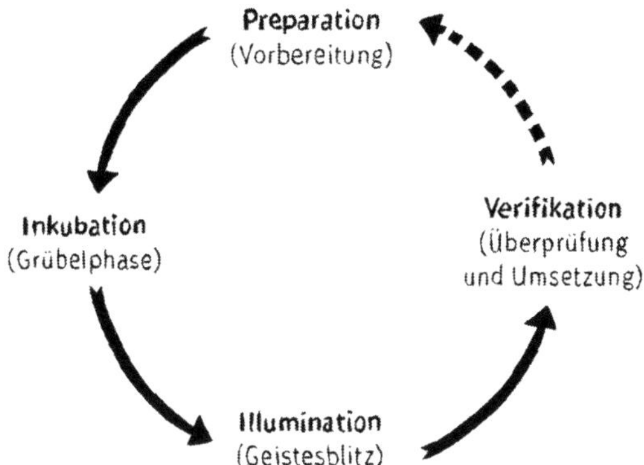

Abbildung 2: Schematischer Ablauf des kreativen Prozesses. (Eigene Darstellung in Anlehnung an Stickel, F. (2014)).

1926 von Graham Wallas ausformuliert. Zur Erläuterung dieses Konzepts wählen wir die Metapher einer Reise, die wir in vier Etappen skizzieren:

1. Phase der Präparation (Vorbereitung)

Zuerst beginnt alles mit einer Vorbereitungsphase. Hier sammelst du Informationen und Ideen, stellst Fragen und versuchst, nicht gleich auf die erste Antwort aufzuspringen. Es ist wie das Packen deines Koffers mit allem, was du brauchst, ohne in Eile zu geraten: Je nach Ausgangslage führt diese Phase zur Entwicklung einer Problemstellung oder es werden die verschiedenen Aspekte eines bereits vorhandenen Problems oder Auftrags erforscht. Systematisches und logisches Vorgehen ist genauso gefragt wie intuitives Sammeln. Der Reflex der schnellen Lösungssuche sollte möglichst unterdrückt werden.

2. Phase der Inkubation (Grübelphase)

Dann kommt die Inkubationsphase, wo du das Problem mal beiseite legst und anderen Dingen nachgehst, die dich inspirieren. Das ist so, als würdest du auf deiner Reise einen ungeplanten Zwischenstopp einlegen, um neue Eindrücke zu gewinnen: Medizinisch gesehen bedeutet Inkubation die Zeit zwischen Infektion und Ausbruch einer Krankheit. Gemeint ist hier ein Entwicklungsprozess, der nicht bewusst geführt wird. Man entfernt sich von der Problemstellung und beschäftigt sich mit anderen anregenden Themen. Diese Distanz kann einen Ausbruch aus gewohnten Denkmustern ermöglichen, wie z.B. eine Hinwendung von der Sprache zum Bild. Die Kenntnis dieser wichtigen Phase hilft, den oft mühsamen Zustand der Ratlosigkeit und des Zweifelns als Teil des kreativen Prozesses anzuerkennen und Blockaden abzubauen.

3. Phase der Illumination (Geistesblitz)

Plötzlich, oft wenn du es am wenigsten erwartest, kommt der Geistesblitz – die Illuminationsphase. Eine Idee taucht wie aus dem Nichts auf, ein wenig so, als würdest du ein verborgenes Juwel auf einem lokalen Markt entdecken: Diese Phase beschreibt das plötzliche Auftreten einer Idee oder eines Ideenflusses. Das Zusammenwirken von bewusster Arbeit und unbewussten Zufallskombinationen führt oft zu einer plötzlichen Einsicht in neue Zusammenhänge.

4. Phase der Verifikation (Überprüfung und Umsetzung)

Zuletzt überprüfst du in der Verifikationsphase deine Idee, ähnlich wie du überlegen würdest, ob das gefundene Juwel wirklich echt ist und zu dir passt, bevor du es mit nach Hause nimmst: In dieser Phase „regiert" wieder das logische Denken und prüft die Ideen auf ihre Angemessenheit in Bezug auf die Problemstellung. Die Idee muss erprobt und variiert werden. Falls sie sich bewährt, wird sie umgesetzt.

Der Schaffensprozess nach Mihály Csíkszentmihályi

Diese vier Phasen des kreativen Prozesses hat in den 1990er Jahren der ungarische Psychologe und Kreativitätsforscher Mihály Csíkszentmihályi maßgeblich weiterentwickelt. Sein Konzept des „Flow" (Csíkszentmihályi 2004) beschreibt einen Zustand, in dem man vollkommen in einer Aktivität aufgeht, das Selbstbewusstsein verliert und die Zeit wie im Flug zu vergehen scheint. Flow ist gekennzeichnet durch ein tiefes Eintauchen in eine Tätigkeit, die eine Herausforderung darstellt, welche exakt zu den Fähigkeiten einer Person passt – die Aufgabe ist weder zu schwierig noch zu einfach. Diese Balance fördert einen Zustand, in dem die Person intrinsisch motiviert ist, das heißt, sie geht einer Tätigkeit nach, weil sie Freude daran findet und nicht wegen externer Belohnungen. Csíkszentmihályis Forschungen begannen mit der Beobachtung von Künstlern bei der Arbeit, wobei er feststellte, dass sie trotz Unbehagens, Müdigkeit oder Hunger an ihrem Schaffen festhielten. Nach Vollendung des Werks verloren sie jedoch oft das Interesse daran. Seine Studien erweiterte er später auf andere Bereiche, wie Tanz und Schach, und beobachtete, dass ein optimaler Flow-Zustand entsteht, wenn Menschen Herausforderungen annehmen, die genau den richtigen Schwierigkeitsgrad für ihre Fähigkeiten haben.

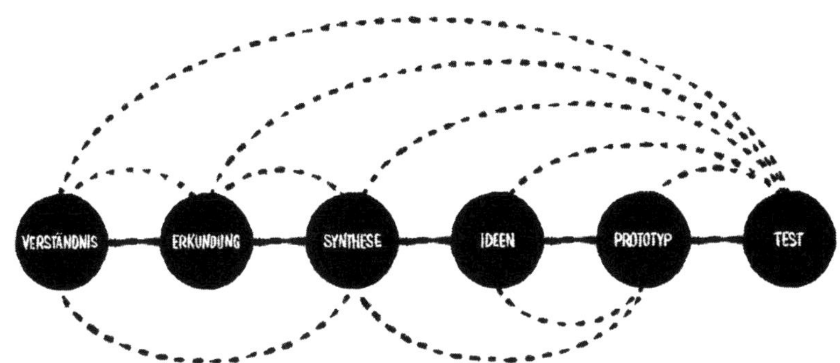

Abbildung 3: Schematischer Ablauf „Design Thinking". (Eigene Darstellung in Anlehnung an Hasso-Plattner-Institut. (o.J.))

Der „Flow" im Kontext des kreativen Schaffensprozesses bedeutet also, dass man sich einem Vorhaben so hingibt, dass man dabei alles um sich herum vergisst und in einen Zustand tiefer Konzentration eintaucht, in dem man gleichzeitig assoziativ und fokussiert arbeitet. Diese intensive Form der Hingabe und des Genusses bei einer Tätigkeit kann selbst in Phasen des Schlafs oder Halbschlafs auftreten, was darauf hinweist, dass kreative Prozesse nicht nur im Wachzustand stattfinden. Das bedeutet, dass jeder Mensch die Fähigkeit besitzt, einen solchen Zustand zu erreichen, da der Flow aus dem inneren Erleben entsteht und nicht von äußeren Umständen abhängt. Die Herausforderung besteht darin, Tätigkeiten zu finden, die diesen Zustand fördern, indem sie weder unter- noch überfordern und somit zur Entwicklung von Kreativität und persönlichem Wachstum beitragen.

Die Idee von vier Phasen ist idealtypisch und schematisch zu verstehen. In der Realität sind diese Phasen nicht so scherenschnittartig scharf abgegrenzt. Als Extrem dieser Rekursion entwirft das „Design Thinking" (wir werden diesen Ansatz im folgenden Kapitel näher betrachten) eine geradezu beliebige Abfolge dieser Phasen.

In der Tat stellt das konzeptionelle Modell, das wir bislang betrachtet haben, einen ersten Schritt dar, um das Zusammenspiel von konvergierendem und divergierendem Denken zu verstehen. Doch dies ist lediglich ein Vorgeschmack auf eine umfassendere Synthese, die wir im Verlauf dieses Buches entwickeln werden. Die Prinzipien des iterativen Vorgehens, bei dem man in Schleifen vor und/oder zurück geht, wie sie im Design Thinking

Prozess verankert sind, werden wir mit den sechs Phasen künstlerischer und Design-Projekte zu einem eigenen Ablaufschema verweben.

Dieser integrative Ansatz wird uns ermöglichen, noch tiefer in die Dynamik des kreativen Schaffens einzutauchen. Dabei geht es nicht allein um das Voranschreiten in eine Richtung, sondern um das flexible Navigieren durch den kreativen Prozess – ein Prozess, der uns erlaubt, sowohl vorwärts zu schauen als auch rückblickend zu reflektieren. So wie unser Denken sich in Mustern von Assoziation und Dissoziation bewegt, so wird auch unser Modell eine kreisförmige Bewegung unterstützen, die es uns gestattet, wiederholt zu unseren Ideen zurückzukehren, sie zu verfeinern und zu erweitern, bis wir zu tragfähigen Lösungen gelangen.

Der Ausblick, den wir hier bieten, ist ein Versprechen für die weitere Entfaltung des Buches. Wir werden Schritt für Schritt aufzeigen, wie sich dieses Zusammenspiel in praktischen Projekten manifestiert und wie es dazu beiträgt, den kreativen Prozess nicht nur als lineare Abfolge, sondern als ein lebendiges Ökosystem des Denkens und Handelns zu begreifen.

Übung: **Morgenseiten schreiben**

Ziel: Diese Übung dient dazu, kreative Blockaden zu lösen, den inneren Kritiker zu beruhigen und einen ungefilterten kreativen Fluss zu fördern. Morgenseiten sollen dir helfen, den Tag mit einem klaren Kopf zu beginnen, indem du Gedanken, die dich beschäftigen, zu Papier bringst. Dies schafft Raum für Kreativität und neue Ideen.

1. Vorbereitung: Bereite einen Collegeblock und einen Stift direkt neben deinem Bett vor, um morgens direkt nach dem Aufwachen darauf zugreifen zu können.
2. Durchführung: Schreibe jeden Morgen direkt nach dem Aufwachen drei DIN A4-Seiten voll. Lasse deinen Gedanken freien Lauf und schreibe ohne Unterbrechung oder Selbstzensur.
3. Regeln beachten: Schreibe handschriftlich und in Langschrift. Vermeide Stichpunkte und Abkürzungen. Lies deine Texte danach nicht und zeige sie niemandem.
4. Inhalte: Schreibe alles nieder, was dir in den Sinn kommt, egal wie trivial oder ungeordnet es erscheint. Erlaube deinem Geist, frei zu assoziieren.
5. Routine entwickeln: Versuche, diese Praxis täglich durchzuführen. Stelle ggf. deinen Wecker früher, um genügend Zeit dafür einzuplanen.
6. Reflexion: Nutze diese Übung als Gelegenheit, deine Gedanken zu ordnen und kreative Ideen zu entwickeln. Beachte, dass es nicht um literarische Qualität geht, sondern um den Prozess des freien Schreibens.

Erfahrungen aus der Lehre

Im Laufe unserer kreativen Entdeckungsreise sind wir bereits auf zwei grundlegend unterschiedliche Modelle gestoßen: das lineare und das zirkuläre, welches oft auch als iteratives Modell bezeichnet wird. Das lineare Modell folgt einer festgelegten Abfolge von Schritten – ähnlich einer industriellen Fließbandarbeit, bei der nach Vollendung einer Phase nahtlos die nächste beginnt. Diese Herangehensweise ist tief in unserem Bewusstsein verwurzelt, sie spiegelt die Ordnung und Vorhersehbarkeit wider, die wir oft aus unserer schulischen und beruflichen Laufbahn kennen.

Im Gegensatz dazu steht das Modell des Design Thinking, das diese strenge sequenzielle Ordnung aufbricht und uns erlaubt, assoziativ zu denken. Es fordert uns auf, zwischen verschiedenen Phasen des Prozesses zu springen, Verbindungen zu knüpfen und Ideen zirkulieren zu lassen – eine Praxis, die der natürlichen Arbeitsweise unseres Gehirns viel näher kommt. Dieses Denken erfordert jedoch eine Abkehr vom gewohnten linearen Denkmuster und vor allem eins: Geduld.

Geduld und Vertrauen sind unerlässlich, um zu akzeptieren, dass diese iterativen und nicht immer vorhersehbaren Prozesse zu fruchtbaren Ergebnissen führen können. Es ist eine innere Haltung, die sich aus der Intuition speist und uns lehrt, den Wert des Unplanbaren zu schätzen. In der Lehre haben wir beobachtet, wie wichtig es ist, Zeit bewusst zu nutzen. Viele Studierende kommen besser zurecht, wenn sie wissen, dass am Ende eines Semesters ein Ergebnis stehen soll. Doch die wahre Kunst besteht darin, die Zeit in kleinere Abschnitte zu gliedern und sich selbst diese Limitierungen aufzuerlegen, um so den kreativen Prozess zu kanalisieren und gleichzeitig Raum für das Unerwartete zu lassen.

KI (nur) als Sparringspartner

In diesem Abschnitt vollziehen wir einen Perspektivwechsel: Stand zuvor die persönliche Kreativitätsentwicklung im Zentrum, wenden wir uns nun kurz der Technologie zu.

Die Spekulation künftiger Szenarien ist eine Kernkompetenz künstlerischen Schaffens – eine Spekulation über die Zukunft, die aktuelle KI-Systeme vor eine Herausforderung stellt. Diese basieren nämlich auf Erfahrungswissen der Vergangenheit, während kreative Ansätze die Zukunft antizipieren. Die symbiotische Zusammenarbeit mit KI-

Technologien ist deshalb entscheidend, um unser kreatives Potential zu erweitern – Wissen zu externalisieren und zugleich erfahrungsbasierte Intuition einzubringen. So entstand auch dieser Text: Ursprünglich als Leitfaden für Studierende konzipiert, wurde er mit Hilfe textgenerierender KIs weiterentwickelt. Diese Kooperation illustriert die Balance zwischen menschlicher Intuition und den nahezu unbegrenzten Text- und Bildfähigkeiten künstlicher Systeme.

Aktuell — dieses Buch entsteht im Jahr 2024 – betreten wir eine Welt, in der Künstliche Intelligenz (KI) nicht nur ein ferner Traum ist. KI hat sich als unverzichtbares Werkzeug in Kunst und Design etabliert. Denk an ChatGPT, DALL-E oder Midjourney – sie alle schreiben und ergänzen unsere Ideen – etwa, wenn wir sie anweisen, die Rolle von möglichen Lesern und Zuschauerinnen einzunehmen.

Es ist schon jetzt absehbar, dass diese neuen Technologien auch neue Kulturtechniken mit sich bringen. Denk an die vielfältigen Anwendungen von KI, die wir täglich sehen: Die Traditionsbäckerei Ströck, die mit DALL-E eine „Artificial Krapfen Challenge" gestaltet, oder Coca Cola, das KI in Marketingkampagnen nutzt. Oder an die Wiener AR- und VR-Agentur Junge Römer, die KI für Mood-Designs einsetzt. Diese Beispiele zeigen, dass KI nicht nur eine unterstützende Rolle spielt, sondern uns auch neue kreative Wege eröffnet (Creative Region, 2023). KI erfordert von uns das richtige „Prompting" – eine präzise Anleitung, um die gewünschten Ergebnisse zu erzielen. Im Marketing nutzen wir KI für Texterstellung, Sentiment-Analyse, Text-Mining und vieles mehr (Digitalwerk, 2023). Denk an die Kampagne „Wir pfeifen drauf!" von digitalwerk, die zeigt, wie KI ungewöhnliche visuelle Darstellungen ermöglicht, oder an die Ausstellung „Faceless Portrait Transcending Time", die ganz von KI geschaffene Kunstwerke zeigt. Solche Beispiele verdeutlichen, dass KI ein wertvolles Werkzeug ist, das einerseits die Vorstellungskraft erweitert und andererseits neue Ausdrucksformen ermöglicht (BM-Experts GmbH, 2019). Schon in dieser frühen Phase der Technologieentwicklung bieten Kommunikationsagenturen Preismodelle an, die sich nach dem Grad der Integration von KI in die Arbeitsprozesse unterscheiden.

Als Kreative stehen wir an einem spannenden Punkt. Es geht darum, KI nicht als Gegner, sondern als Partner im kreativen Prozess zu sehen. Wir nutzen diese Technologien, um unsere Arbeit zu erweitern, neue Ideen zu generieren und innovative Lösungen zu entwickeln, ohne dabei die menschliche Kreativität und Individualität zu vernachlässigen (Creative

Region, 2023; Digitalwerk, 2023). Indem wir unsere Fähigkeiten und unser Verständnis für diese Technologien entwickeln, können wir sie effektiv und kreativ einsetzen. Dabei geht es darum, die analoge Kompetenz zur Assoziationsfähigkeit und zum Finden neuer Schlüsse komplementär mit den Fähigkeiten dieser Technologien, aus bestehendem Content neue Kombinationen zu schaffen. Mit dieser Synergie menschlicher und maschineller Intelligenz ist es möglich, die Kunst und Kultur innovativ voranzubringen. Denn dies wird auch uns und unser Denken insofern verändern, dass wir mit den assistierenden KI-Funktionen bspw. Schneller an den Kern der Sache kommen und uns auf die menschlichen Aspekte einer Arbeit konzentrieren können, weil wir intellektuelle Fleißarbeiten delegieren können. Es darf kein Selbstzweck sein, sondern dient immer einer intensiven künstlerischen Auseinandersetzung und dazu, Menschen zu erreichen und zu bewegen.

Das Kapitel „Woher kommt das Neue" wird sich mit der Körperlichkeit des Denkens befassen, die tief in unserer physischen Existenz verankert ist und eine Brücke zwischen Unbewusstem und Bewusstem bildet. Daher werden wir im Folgenden diese Verbindung von Auge, Kopf und Hand näher beleuchten. Als Übergang wollen wir eine kleine Überlegung zu den Parallelen von künstlerischer und spiritueller Praxis anstellen.

Parallelen zwischen künstlerischer und religiöser Praxis

Die Idee, dass Leidenschaft für Kunst eine Art religiöser Subströmung sein kann, bietet eine reiche Quelle für das Selbststudium. Indem Menschen sich mit kultischen und religiösen Ideen auseinandersetzen, können sie ihr Verständnis für die tiefen, oft unbewussten Prozesse erweitern, die das kreative Schaffen antreiben. Betrachten wir zum Beispiel die Rolle der Intuition in der Kunst, die oft als ein fast mystischer, spontaner Funke beschrieben wird. Diese Momente der Inspiration können als eine Art weltliche Transzendenz gesehen werden, vergleichbar mit den Einsichten, die in religiösen Meditationen gesucht werden. Ein Beispiel hierfür ist der Prozess des Skizzierens, in dem Ideen oft intuitiv und spontan entstehen. Diese Skizzen enthalten nicht nur visuelle Darstellungen, sondern sind auch Ausdruck innerer Gedanken und Empfindungen. In diesem kreativen Akt verbinden wir uns tief mit dem Unbewussten, ähnlich wie ein Meditierender in der Stille tiefere Erkenntnisse erfährt. Beide Prozesse – das künstlerische Skizzieren und die meditative Versenkung – ermöglichen einen Zugang zu tieferem Wissen und Einsichten, die über das Alltägliche hinausgehen.

Die Parallele zwischen künstlerischer und religiöser Praxis, insbesondere in Bezug auf die Technik der Wiederholung, ist interessant. In der Kunst werden bestimmte Techniken oder Themen oft wiederholt, um Tiefe und Verständnis zu schaffen, was den Geist in einen Zustand tieferer Konzentration und Reflexion versetzen kann. Ähnlich wird in verschiedenen Weltreligionen die Wiederholung als ein Mittel verwendet, um einen fokussierten und empfänglichen Geisteszustand zu erreichen.

- Ein Beispiel hierfür sind Mantras im Hinduismus und Buddhismus. Mantras sind kurze Phrasen oder Silben, die wiederholt rezitiert werden, um den Geist zu beruhigen und spirituelle Energie zu konzentrieren. Diese Praxis hilft, das Bewusstsein von der äußeren Welt abzulenken und sich auf innere Erfahrungen zu konzentrieren.
- Im Christentum findet sich ein ähnliches Konzept im Rosenkranzgebet. Durch die wiederholte Rezitation von Gebeten wie dem Ave Maria konzentrieren sich die Gläubigen auf die Meditation über die Lebensstationen Jesu und Marias. Diese Wiederholung fördert eine tiefe Reflexion und eine geistige Sammlung.
- Im Islam wird die Praxis des Dhikr, das Gedenken an Allah durch die Wiederholung von Gebeten und Aussprüchen, als Weg zur geistigen Fokussierung und zur Vertiefung des Glaubens angesehen.

In diesen religiösen Praktiken dient die Wiederholung dazu, den Geist von alltäglichen Gedanken zu befreien und einen Zustand der Vertiefung und des höheren Bewusstseins zu erreichen, ganz ähnlich wie in der künstlerischen Praxis, wo die wiederholte Anwendung bestimmter Techniken oder Themen dazu beiträgt, tiefere Ebenen der Kreativität und des Ausdrucks zu erschließen.

Diese Beispiele zeigen, wie die Beschäftigung mit religiösen und kultischen Konzepten zu einem tieferen Verständnis und einer größeren Wertschätzung künstlerischer Prozesse führen kann. Sie ermutigen dazu, die eigenen kreativen Praktiken als Teil eines größeren, spirituellen Prozesses zu sehen und anzunehmen.

Vertrauen und insbesondere das Selbstvertrauen sind essentielle Schnittstellen im kreativen Prozess, vergleichbar mit der Transzendenz, die durch den Musenkuss oder eine plötzliche Erleuchtung erfahren wird. Dieses tiefe Vertrauen darauf, dass am Ende ein erfolgreiches Werk entstehen wird, spiegelt eine wichtige Parallele zur spirituellen Praxis. In beiden Fällen – in der Kunst wie in der Religion – ist es ein Akt des Vertrauens bzw. Selbstvertrauens, der die Schaffenden antreibt, auch in Momenten der Unsicherheit oder des Zweifels. Dieses fundamentale Vertrauen in den Prozess und in die eigene Fähigkeit, ein gelungenes Ergebnis zu erzielen, ist eine tragende Säule sowohl in der künstlerischen als auch in der spirituellen Praxis.

Die geschichtliche Entwicklung seit der Aufklärung führte zu einer deutlichen Trennung von Kirche und Staat, was wesentliche Auswirkungen auf die künstlerische Ausbildung hatte. Diese Trennung erklärt, warum spirituelle Inhalte oft keinen offiziellen Teil in akademischen Kunstprogrammen bilden. Trotzdem gibt es Künstler wie Joseph Beuys, die spirituelle Elemente in ihre Arbeit integrieren und diese Ganzheitlichkeit betonen (Bei der Kellen, 2015). Auch die Bauhauspädagogik beinhaltete starke spirituelle Komponenten (Weber 2018). Dieser Zusammenhang ist in der heutigen Kunstausbildung häufig tabuisiert, da Religion als Privatsache gilt. Doch wir vertreten die Ansicht, dass künstlerische Ausbildung immer auch eine intellektuelle und spirituelle Entwicklung sein sollte, um die Ganzheitlichkeit der künstlerischen Praxis zu fördern. Diese Verbindung von Kunst und Spiritualität kann einen tiefgründigen, umfassenderen Bildungsansatz ermöglichen, der über rein technische Fähigkeiten hinausgeht.

Aber: Die weltanschauliche Neutralität der Kunstpädagogik ist richtig und wichtig. Wir weisen jedoch darauf hin, dass die Verbindung zwischen Kunst und Spiritualität geschichtlich getrennt wurde. Unser Ziel mit diesem Buch ist es, diese Verbindung wieder zu öffnen und zu zeigen, dass künstlerische Praxis auch eine Form spiritueller Praxis sein kann. Es ist wichtig zu betonen, dass es sich dabei nicht um eine religiöse, sondern um eine weltanschaulich neutrale Praxis handelt, die auf die innere Entwicklung der Künstlerinnen und Künstler abzielt.

Diesen Absatz beenden wir, indem wir die Frage nach der Herkunft des Neuen offenlassen. Ob es sich um göttliche Eingebung, Inspiration durch Widrigkeiten, den Kuss einer Muse oder eine tiefe Verbindung mit dem kollektiven Unbewussten handelt, bleibt dem Einzelnen überlassen. Die grundlegende Mechanik, sich mit etwas Transzendentem zu verbinden, ist jedoch ein durchgängiges Muster in den Theorien des Neuen. Dies bildet einen sachlogischen Ausgangspunkt für das nächste Kapitel, in dem wir uns intensiver mit der Frage auseinandersetzen, woher das Neue kommt und wie diese Verbindung gestaltet wird.

Übung: **Bleistiftsport**

Ziel: Der Bleistiftsport bringt deine Aufmerksamkeit über den Atem in die ausführende Hand und lässt im Kopf eine Leerstelle entstehen, die bereit ist, Neues, Kreatives aufzunehmen. Das drängt den zensierenden, Regie führenden Kopf in den Hintergrund und ermöglicht es der Hand, ihre autonome Intelligenz einzusetzen.

1. Setze dich mit aufrechtem Rücken hin und beobachte deinen Atem, bis du einen guten Kontakt zu deinem Körper gefunden hast. Schließe dazu, wenn du magst, die Augen.
2. Ziehe dann mit jedem Ausatmen eine Linie. Setze mit jedem Einatmen ab und ziehe mit dem nächsten Ausatmen eine neue Linie. Achte auf Kohärenz von Atem und Strich ziehen, wobei der Atem führt. Die Aufmerksamkeit ist auf dem Ausatmen, das ganz natürlich ausströmt. Wiederhole das so lange, bis du innerlich ruhig geworden bist.
3. Versuche nun das Gleiche mit Spiralen. Achte nicht auf entstehende Kompositionen, sondern nur auf die Kohärenz von Atem und Strich. Mach das, solange du magst.
4. Du kannst einen weiteren Durchlauf machen, indem du mit jedem Ausatmen den Charakter deiner Linien veränderst: mal gezackt, mal vorsichtig, mal schwungvoll etc.
5. Zeichne mit dem letzten Ausatmen einen möglichst perfekten Kreis.
6. Reflexion: Wie hat sich deine Stimmung durch das Zeichnen verändert?

Ein empirischer Befund für das digitale Lernen in Gestaltung und Kunst

In dem Buch „Digital Lehren" (Hanstein; Lanig 2020, 63-90) wird die Entwicklung künstlerischer Kompetenzen außerhalb des traditionellen Rahmens einer Kunstakademie erforscht. Diese Studie kontrastiert die weitverbreitete Auffassung, dass in der Designausbildung, insbesondere im Grafikdesign, das physische und soziale Erlebnis unersetzlich ist.

Es werden drei Phasen der künstlerischen Entwicklung in digitalen Lernumgebungen im Laufe des 3,5 jährigen Curriculums herausgestellt:

1. **Experimentierphase:** Hier experimentieren die Studierenden mit neuen Werkzeugen und Methoden. Diese Phase ist geprägt von Unsicherheiten und Herausforderungen, die eine Grundlage für weiteres Lernen bieten.
2. **Entwicklungsphase:** Die Studierenden gewinnen ein tieferes Verständnis für ihre Disziplin und beginnen, eigene kreative Ansätze zu entwickeln. Diese Phase beinhaltet eine intensivere Auseinandersetzung mit dem eigenen Schaffen und der Suche nach einem persönlichen Stil.

3. **Reifungs- und Professionalisierungsphase:** In dieser Phase erreichen die Studierenden eine höhere Reife und sind in der Lage, komplexe Projekte eigenständig zu realisieren und kritisch zu reflektieren.

Diese Phasen unterstreichen, dass die künstlerische Entwicklung in digitalen Lernumgebungen nicht nur eine äußere Aneignung von Fähigkeiten, sondern vor allem eine innere, persönliche Entwicklung ist.

Die Ergebnisse zeigen zudem, dass künstlerische und gestalterische Fähigkeiten auch in virtuellen oder teilvirtuellen Bildungseinrichtungen entwickelt werden können. Im Rahmen eines dreijährigen, rein virtuellen Studienprogramms konnten Studierende ohne traditionelles Atelierumfeld ihre gestalterischen Kompetenzen fachlich und persönlich ausbauen. Dies gelang durch die Schaffung eines virtuellen Ateliers und den Austausch mit Mitstudierenden.

Der Begriff des „hybriden Ateliers" beschreibt einen Lern- und Schaffensraum, der sowohl physische als auch virtuelle Elemente integriert. Diese Dualität ermöglicht es den Studierenden, traditionelle und digitale Medien in ihrem kreativen Prozess zu verbinden und spiegelt damit die sich verändernde Natur der Designausbildung wider.

In der räumlichen Dimension bedeutet das hybride Atelier die Umwandlung privater Räume in Arbeitsbereiche, die sowohl für die künstlerische Praxis als auch für das akademische Studium genutzt werden können. Diese physischen Räume werden oft so angepasst, dass sie den Anforderungen des Studiums entsprechen, etwa durch die Einrichtung von Arbeitsplätzen, die optimale Lichtverhältnisse für das Zeichnen bieten. Diese Anpassung privater Räume zu Ateliers symbolisiert auch eine wichtige Statuspassage für die Studierenden, indem sie ihre Wohnräume in professionelle Arbeitsumgebungen umgestalten.

In der zeitlichen Dimension reflektiert das hybride Atelier die Flexibilität und Anpassungsfähigkeit der Studierenden in Bezug auf ihre Zeitnutzung. Die Studierenden organisieren ihren Tagesablauf neu, um Zeit für ihr Studium zu schaffen und nutzen dabei die Vorteile des digitalen Lernens, wie die Möglichkeit, zu beliebigen Zeiten an verschiedenen Orten zu lernen. Diese Anpassung der Zeitnutzung ist ein weiterer wichtiger Aspekt des Übergangs aus dem häuslichen Alltagsleben in die Rolle eines Studierenden.

Das Konzept des hybriden Ateliers umfasst neben den räumlichen und zeitlichen Dimensionen auch eine wesentliche soziale Dimension. Diese Dimension bezieht sich auf die Art und Weise, wie Studierende ihre künstlerische Identität und Arbeit mit ihrem sozialen Umfeld, einschließlich Familie, Freunden und dem beruflichen Kontext, kommunizieren und teilen.

In der sozialen Dimension des hybriden Ateliers nutzen die Studierenden verschiedene Kommunikationskanäle, um ihre Werke und künstlerischen Übungen zu präsentieren. Dies geschieht heutzutage häufig über soziale Medien, wo Studierende im ersten Studienjahr beispielsweise ihre Arbeiten aus den Grundlagenfächern posten. Dieser Austausch ermöglicht es ihnen, Anerkennung und Feedback von einem breiteren Publikum zu erhalten, das über das klassische akademische Umfeld hinausgeht.

Die Präsentation der eigenen Arbeiten in sozialen Medien und anderen Kommunikationsplattformen spielt eine entscheidende Rolle bei der Entwicklung der künstlerischen Identität der Studierenden. Durch das Teilen ihrer Werke und der damit verbundenen Erfahrungen schaffen sie eine Brücke zwischen ihrem akademischen Studium und ihrem privaten Leben. Dies fördert nicht nur ihre persönliche Entwicklung, sondern stärkt auch ihre professionellen Netzwerke und öffnet Türen zu beruflichen Möglichkeiten.

Zusammengefasst erweitert die soziale Dimension des hybriden Ateliers den Lern- und Entwicklungsprozess der Studierenden um eine wichtige Komponente. Sie ermöglicht es den Studierenden, sich in einem breiteren sozialen Kontext zu positionieren und sich sowohl persönlich als auch professionell zu vernetzen und weiterzuentwickeln.

Die Kombination aus räumlicher und zeitlicher Umgestaltung, zusammen mit der Kommunikation und Präsentation der eigenen Arbeiten in sozialen Medien, vervollständigt die Transformation der Studierenden. Durch das hybride Atelier erleben die Studierenden eine umfassende Entwicklung, die nicht nur ihre künstlerischen Fähigkeiten, sondern auch ihre persönliche und professionelle Identität umfasst (vgl. ebd.).

Diese Erkenntnisse sind wegweisend und bestätigen die Kernthese dieses Buches: Kunst und Design sind nicht an traditionelle Lehrmethoden oder physische Räume gebunden. Die Möglichkeit, künstlerische Fähigkeiten in digitalen und hybriden Umgebungen zu entwickeln, öffnet neue Horizonte. Doch woher kommt diese Neuartigkeit im Leben und in den Projekten? Dieser Frage widmet sich das nächste Kapitel. Wir werden untersuchen, welche Quellen der Inspiration und Kreativität in einer zunehmend digitalisierten Welt existieren und wie sie künstlerisches Schaffen beeinflussen.

Woher kommt das Neue?

Das erwartet dich in diesem Kapitel:

- Du entdeckst, wie kreativ-gestalterische Arbeit nicht nur eine Technik, sondern eine Haltung ist, die von einem ganzheitlichen Verständnis ausgeht. Hierbei erkennst du die Hand als zentrale Vermittlerin und Ausführende deiner Ideen.
- Du lernst, die Bewegungen deiner Hand beim Zeichnen als Werkzeug zu nutzen, um kreative Prozesse anzustoßen und zu begleiten.
- Durch Design Thinking erhältst du Einblicke, wie Kreativität in typischen Phasen und zugleich in einem scheinbaren Chaos verlaufen kann – und wie es dir dennoch gelingt, den Überblick zu behalten.
- Außerdem erfährst du, wie sich die in kreativen Prozessen gesammelten Erfahrungen auf andere Lebensbereiche übertragen lassen und dich dort bereichern können.

Denken mit der Hand als Haltung

Obwohl es unzählige Bücher über Kreativitätstechniken gibt, geht es dabei weniger um Techniken als vielmehr um die Kultivierung einer Haltung. Diese Haltung kann durch Techniken trainiert werden, ähnlich wie man im Fitnessstudio seinen ‚Kreativitätsmuskel' stärkt. Dieser ‚Muskel' ist natürlich metaphorisch zu verstehen, als eine innere Haltung, die unser gesamtes Sein – Wahrnehmen, Denken und Handeln – durchdringt. Wie ein echter Muskel muss auch der Kreativitätsmuskel regelmäßig trainiert werden, um sich zu entwickeln und wirksam zu bleiben. Mit der Zeit verinnerlichen wir diese kreative Haltung so sehr, dass sie Teil unseres Selbstverständnisses wird. Unser Leben wird dann zur Bühne ständiger kreativer Entfaltung, ohne dass wir dafür bewusst Trainingsräume aufsuchen müssen.

Handeln als interaktive Erforschung

Wie schon erwähnt, ist die Kultivierung der eigenen Kreativität ein sehr individueller Weg, bei dem das Handeln eine ausschlaggebende Rolle spielt. Eine Idee findet über das Tun zu einer Form, die sie für andere brauchbar macht. Dabei ist das Tätigwerden, das `sich in Bewegung setzen´, nicht nur im physischen, sondern auch im mentalen Sinne die Voraussetzung, dass sich überhaupt etwas in der Realität niederschlägt. Setzt sich die schaffende Person in Bewegung und macht über ihr Handeln Erfahrungen mit Materialien oder mit Beschaffenheiten von Abläufen, Funktionsweisen oder Zusammenhängen in der Außenwelt, dann können diese Erfahrungen in ihr Herstellen einfließen.

Hannah Arendt trifft in ihrem Buch „Vita activa" eine Unterscheidung zwischen Arbeit, Handeln und Herstellen, die hier als Bezugsgrundlage dient (Arendt 1958).

- Arbeit (griech. ponos) dient der Existenzsicherung. Sie ist unproduktiv, da sie nichts Bleibendes herstellt.
- Herstellen (griech. poiesis) dagegen erzeugt die dauerhafte, künstliche Welt der Dinge, die zum Gebrauch da sind.
- Handeln (griech. praxis) als drittes in der Reihe, ist direkt und ohne Vermittlung und bezieht sich auf die intersubjektiven Beziehungen unter Menschen.

Dem ‚Vita activa', dem aktiven Leben, setzt Arendt die ‚Vita contemplativa' entgegen, die die Welt des Schauens und Denkens umfasst. Kunstwerke sind nach ihrer Ansicht eine Verdinglichung von Gedanken. Demnach könnte man Kunstwerke als Vermittler zwischen dem handelnden und dem kontemplativen Leben sehen. Schon in dem religiös beheimateten Ethikanspruch „ora et labora" steckt dieses Zusammenspiel von Tun und meditierender Betrachtung. Dem scheinbar unbedeutenden „et" könnte man eine wichtige Bedeutung zuschreiben, nämlich die Haltung, mit der beides verfolgt wird. Im künstlerischen Idealfall zeichnet sich diese Haltung durch eine spielerische Ergebnisoffenheit aus.

Im Folgenden wird von Arendts Unterscheidung zwischen Handeln und Herstellen ausgegangen, um zu beschreiben, was beim gestalterischen kreativen Prozess passiert.

Herstellen als Denken mit der Hand

Unsere Arbeit wird in erster Linie und entscheidend von unseren Händen bestimmt. Mit ihnen verfügen wir über ein Instrument, das in der Lage ist, äußerst präzise Aufgaben zu erfüllen. Dies ist nicht nur im motorischen Sinne gemeint, sondern auch als eine Art handeigene Intelligenz. Handeigene Intelligenz bedeutet im Gegensatz zur geistigen Intelligenz eine eigenständige Intelligenz, mit der die Hände Lösungen finden. Dabei sind die Hände klug und unwissend zugleich. Einerseits verfügen sie durch ihren unermüdlichen Einsatz über eine Fülle von Lernerfahrungen, die sie unermüdlich an den unterschiedlichsten Materialien ‚begreifend' gemacht haben. Andererseits machen sie mit jedem Zugriff neue Erfahrungen und flattern wie die kreative Fledermaus im Modus der Informationsaufnahme scheinbar richtungslos durch den Raum.

Da sie aber nicht vordergründig von der Logik gesteuert werden, sondern die Lösungen im konkreten Ertasten des Materials suchen, besitzen sie eine reaktionsbereite Unwissenheit oder besser gesagt die ständige Bereitschaft, die Dinge mit einem ‚Anfängergeist' (Suzuki 1975) neu zu erfahren. Dieser aus dem Zen-Buddhismus entlehnte Begriff bezeichnet einen offenen Geist, der unvoreingenommen von Bildung und Erfahrung wahrnimmt. Die Frische der Wahrnehmung ermöglicht es, noch unbekannte Erfahrungen zu machen und dadurch neue Lösungswege zu entdecken. Damit ist der ursprünglich aus dem religiösen Kontext stammende Begriff des „Anfängergeistes" insbesondere auf kreative und schöpferische Tätigkeiten anwendbar, die sich durch eine ergebnisoffene, aber zugleich lösungsorientierte Geisteshaltung auszeichnen.

Die Hand im Modus des ‚Anfänger-Geistes' exploriert die Dinge von der sinnlichen, ertastbaren Seite her. Sie erforscht und begreift durch Greifen, während sie sich durch sinnliche Wahrnehmung steuern lässt. Da die Hand unmittelbar auf das reagiert, was sie im Augenblick fühlt, kommt sie zu unerwarteten Umgangsweisen und Lösungswegen. Sie ist befähigt, dem vernunftorientierten Kopf Lösungsvorschläge zu unterbreiten, die er aus seiner erfahrungsbasierten, planerischen Haltung heraus nicht antizipieren kann. Beim schöpferischen Tun hält die Hand also ständig Rücksprache mit dem Kopf, denn dieser versucht natürlich die Hand mit Regeln, Fragen und Anweisungen in seinem Sinne zu lenken. Für die Partnerschaft von Kopf und Hand muss im Dialog mit einer Gestaltungsaufgabe eine Vorgehensweise und eine Lösung gefunden werden, die beide überzeugt. Wie in einem verbalen Dialog wird solange mit dem

Material `gesprochen´, werden Gedanken vorgetragen, Einwände erhoben, Möglichkeiten abgewogen, bis alle am Dialog Beteiligten sich mit einer gemeinsamen Positionierung, einer Lösung, einverstanden erklären. Je häufiger die handeigene Intelligenz in gestalterischen Prozessen wirksam wird und je bewusster sie vom Kopf als quasi eigenständig agierende Dialogpartner wahrgenommen wird, desto mehr wird sie ein selbstverständlicher Teil des eigenen kreativen Schaffens und Selbstverständnisses.

Die Hand ist also ein Werkzeug, mit dem wir unseren Kreativitätsmuskel in Bewegung setzen und aktiv halten können. An dieser Stelle soll noch eine Metapher verwendet werden, die die Aktivität des schöpferischen Prozesses noch stärker betont und den von Arendt erwähnten Begriff der „vita contemplativa" unterstreicht: Die schöpferische Hand ist die Hand des Gärtners, mit der er den Garten der Kreativität pflegt. Ein erfahrener Gärtner kennt die Prozesse des Gedeihens. Er weiß, wo er eingreifen und nachhelfen muss und wann er sich auf die Eigendynamik des Wachstums verlassen kann. Wenn wir wie der Gärtner wissentlich lenkend eingreifen, wo es nötig ist, und wo es nicht nötig ist, die Hand sinnlich forschend agieren und ihre eigenen Wege gehen lassen, können wir zu einer gestalterischen Haltung gelangen, die nicht nur umfassender ist, sondern auch viel selbstverständlicher, weil sie, zu uns gehörend, eingesetzt werden kann. Das zensierende, abrufende, schon wissende Denken wandelt sich dann in ein offenes, aufnehmendes, noch nicht wissendes ‚Denken mit der Hand'.

Zeichnen als Wahrnehmungsprozess

Ausgehend von dem im letzten Abschnitt beschriebenen Dialog zwischen Kopf und Hand kommt beim Zeichnen das Sujet hinzu, welches im Zeichnen erfasst werden soll. Damit erweitert sich der Dialog um ein drittes: einen Bezugspunkt, zu dem Kopf und Hand gemeinsam eine Lösung finden sollen. Es ist das subjektive Selbst, das handelnd in Beziehung tritt zu einer Sache.

Zeichnen ist zuallererst ein Dialog mit dem Gegenüber, einer Sache, die ich mittels des Stiftes als meinem Untersuchungsinstrument führe. Wie ich etwas sehe, wird maßgeblich dadurch bestimmt welchen ‚Erfahrungshumus' ich mitbringe. So ist Wahrnehmung keineswegs eine Fähigkeit, die in gleicher Weise allen zu eigen ist. Sie ist geprägt durch die Erfahrungen, die jeder von uns individuell gemacht hat.

Wenn man Kinder beobachtet, die anfangen, ein menschliches Gesicht zu zeichnen, kann man beobachten, dass sie es frontal von vorne zeich-

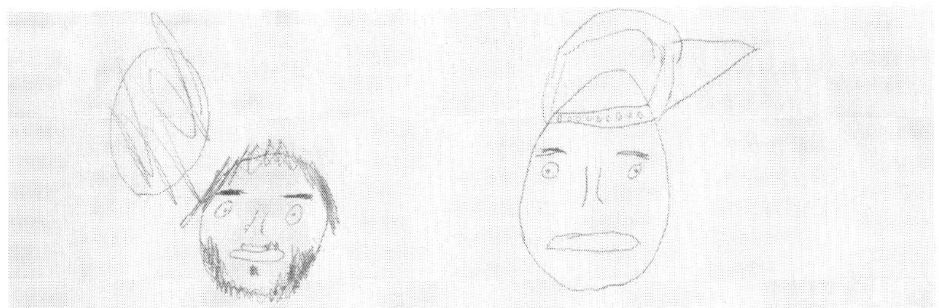

Abbildung 4: Beispiele aus einer Seminarübung von Studierenden der Sozialen Arbeit, die seit der Kindheit nicht mehr gezeichnet haben.

nen. Sie finden über kurz oder lang zu dem Kürzel eines Kreises mit zwei Punkten, einem horizontalen und einem vertikalen Strich. Dieses Kürzel für die Darstellung eines Gesichtes prägt sich nachhaltig ein. Die abrufbare Zeichnung ist ein Resultat eines Wahrnehmungsvorganges, den wir abgespeichert haben. Das Zeichnen ist das technische Tool, das wir eingesetzt haben, um sichtbar zu machen, was wir wahrnehmen. Wenn Zeichnen als Wahrnehmungstechnik nicht kontinuierlich weiter praktiziert und verfeinert wird, rufen Erwachsene genau dieses erste abgespeicherte Kürzel ab, wenn man sie vor die Aufgabe stellt in 1-2 Minuten ein Porträt zu zeichnen.

Profilansichten oder Drehungen des Kopfes werden dabei nicht berücksichtigt. An diesen Ansichten, die immer frontal dargestellt werden, kann man sehr genau ablesen, dass beim Zeichnen nicht unbedingt das gezeichnet wird, was man wirklich sieht, sondern das wiedergegeben wird, was man als Wissen abgespeichert hat: Dass ein Gesicht -von vorne gesehen - annähernd rund ist, zwei Augen wie Punkte hat, eine Nase wie einen vertikalen Strich und einen Mund wie einen horizontalen Strich hat. Wissen schreibt sich also nicht nur ein, sondern reduziert komplexe Wahrnehmungen auch auf die wichtigsten Informationen. Wäre Wahrnehmung das ausschlaggebende Kriterium für das, was wir zeichnen, würden diese Kreise zu länglichen Ovalen werden, oft mit Auf- oder Untersicht, meist gedreht oder geneigt. Das zeigen die folgenden beiden Abbildungen, die von Studierenden erstellt wurden, die durch mehrfaches Zeichnen einige Übung erreicht haben.

Wissen bzw. die Annahme des Wissens stehen hier im Widerstreit mit der Wahrnehmung, zu dem, was an Drehungen, Seitenansichten, Auf- oder Untersichten wirklich zu sehen ist.

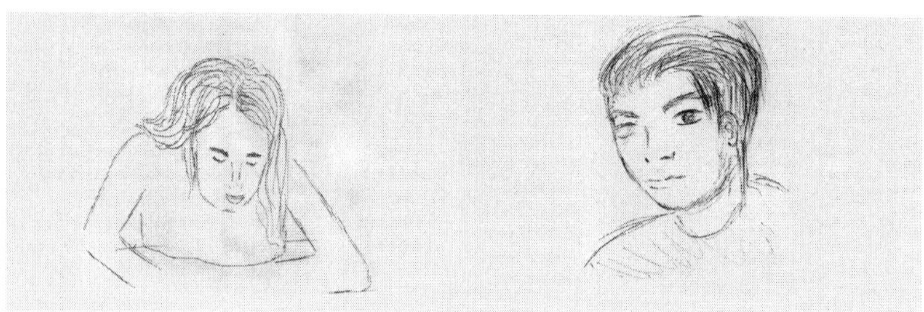

Abbildung 5: Beispiele aus einer Seminarübung von Studierenden der Sozialen Arbeit, die immer wieder mal zeichnen.

Um aus dieser Verfälschung des ‚Wissens statt Wahrnehmens' herauszukommen, kann auf den im letzten Abschnitt schon erwähnten Anfängergeist zurückgegriffen werden. Das nicht wissende Schauen des Anfängergeistes verleiht der Wahrnehmung eine Frische und lässt uns unvorbelastet, also so, als hätten wir kein Vorwissen, auf etwas schauen. Es kommt einem inneren Reset gleich, bei dem das Vorwissen so weit als möglich reduziert wird, und dennoch die Aufgabe im Blick zu behalten ist. Im Falle der Gesichtszeichnung wäre die Aufgabe, nicht nur das Gegenüber wiederzugeben, sondern auch die Hand mit dem Stift so zu koordinieren, dass die Spuren meiner händischen Bewegung ein stimmiges Resultat erzeugen: Das, was ich sehe und ausdrücken will, soll in der Zeichnung sichtbar werden.

Zeichnen ist dabei keine seelenlose Technik, sondern eine Art der Meditation, die versucht die lenkenden, weil im Vorfeld schon wissenden Gedanken über das, was ich tue und was ich weiß, wie Wolken vorbeiziehen zu lassen. Das ist die Übung, um die es bei der Meditation geht, wenn ich versuche, mich nur auf den Atem zu konzentrieren. Ähnlich ist es beim Zeichnen, wo allein die Bewegung des Stiftes als Spur dessen, was ich sehe, was ich wahrnehme, zählt. Zeichnen ist damit ein Bewusstseinszustand, ein Modus, der vom Denken in die Wahrnehmung führt. Es bleibt nicht aus, dass ich in diesem Modus einen anderen Zugang finden kann, nicht nur zu den Dingen selbst, sondern auch zu meiner Wahrnehmung der Dinge. Das kann dazu führen, dass ich die Dinge immer weniger so wiedergebe, wie sie sind, und stattdessen immer mehr so, wie ich sie wahrnehme. So wichtig der Modus des Anfängergeistes beim Wahrnehmen ist, so ist die Wahrnehmung kein unvorbelasteter Kanal zu diesen Dingen, sondern ein Resultat meines Wissens über sie. Diesen sich mit Wissen immer mehr zusetzenden Kanal muss ich immer wieder reinigen, damit die Wahrnehmung der Dinge frei durchfließen kann. So ist die eigentliche Übung, beim

Zeichnen zurückzufinden zu einem nicht vorbelasteten Sehen/Schauen, das sich einlässt auf eine möglicherweise fehlerhafte Wiedergabe, auf nicht Planbares, auf Unschönes, nicht Regelhaftes, Unbekanntes. Gelingt diese empfangsbereite Offenheit, entsteht auch eine Freude an den Erfindungen des Stiftes. Man kann anfangen, die Spuren des Stiftes als ein Spiel zu betrachten, bei denen neue, noch unbekannte Möglichkeiten entstehen.

Mit dieser Offenheit ist Zeichnen kein methodischer, linearer Verlauf mehr vom Wahrnehmen über Denken zum Handeln. Es ist vielmehr ein iteratives, in Schleifen sich entwickelndes Wechselspiel zwischen Schauen, Denken und Handeln. Es gleicht darin dem Prozessmodell, welchem die Kreativitätsmethode des schon erwähnten Design Thinking zugrunde liegt.

Die Wahrnehmung ist dabei der allen zeichnerischen Forschungswegen zugrundeliegende Ausgangspunkt. Sie löst alle folgenden Schritte aus und beeinflusst sie. Der Ausgang dieses sinnlich gesteuerten, dialogischen Handlungsprozesses lässt sich nicht antizipieren. Ich folge ihm schauend, handelnd, denkend. Ich betrachte, zeichne, reflektiere. Ich lokalisiere, experimentiere, justiere. Das ist kein geradliniger Weg, sondern ein Weg in Schleifen, Umwegen und Kurven, der immer wieder die Möglichkeit, mehr noch, die Chance beinhaltet, dass ich bei einem ganz anderen Ziel ankomme, als zuvor geplant. Es ist ein schweifendes Denken, das in der Einführung schon als assoziatives Denken bezeichnet wurde. Wenn es mit dem Stift anschaulich gemacht wird, hat es zudem die Qualität, dass es durch die Übersetzung in die Bewegung des Stiftes verlangsamt wird. Dieses entschleunigte, in der Stiftbewegung auch körperliche Denken gleicht eher einer Meditation als einer rational geplanten und nur noch durchzuführenden Tätigkeit.

Du wirst feststellen, dass sich dein Denken zu verändern scheint, dass es vielleicht sprunghaft, assoziativ oder phasenweise wie lahmgelegt ist, weil gleichzeitig deine visuelle Wahrnehmung hochgradig aktiviert ist und den Spuren folgt, die der Stift auf dem Papier hinterlässt. In diesem Zusammenspiel von Denken - Schauen - Handeln werden verschiedene Hirnregionen aktiviert, deren Zusammenwirken für schöpferische Tätigkeiten wichtig sind. Werden sie häufig aktiviert, verändert sich auf Dauer das Wahrnehmen und das Denken. Wie sich das für zielgerichtete Arbeitsprozesse wie z.B. Ideenfindung nutzen lässt, soll im nächsten Abschnitt beschrieben werden.

Übung: **Zeichnen mit der nicht dominanten Hand**

Ziel: Diese Übung zielt darauf ab, das iterative Wechselspiel zwischen Schauen, Denken und Handeln zu erleben, welches assoziatives und meditatives Denken fördert. Durch die Aktivierung verschiedener Hirnregionen beim Zeichnen mit der nicht dominanten Hand wird das kreative Denken gefördert und die Wahrnehmung geschärft, was langfristig zu einer Veränderung in der Art und Weise führen kann, wie du wahrnimmst und denkst.

1. Vorbereitung: Wähle eine komplexe, chaotische Struktur aus, die du zeichnen möchtest, wie beispielsweise einen überfüllten Schreibtisch oder einen Kleiderhaufen.
2. Durchführung: Verwende deine nicht dominante Hand zum Zeichnen. Konzentriere dich dabei vollständig auf deine visuelle Wahrnehmung, um den denkenden und lenkenden Geist zu minimieren.
3. Beobachtung: Achte darauf, wie sich dein Denken während des Zeichnens verändert. Du könntest feststellen, dass dein Denken sprunghaft, assoziativ oder sogar phasenweise wie lahmgelegt ist, während deine visuelle Wahrnehmung aktiv bleibt und den Spuren des Stiftes auf dem Papier folgt. Achte darauf, wie du die (Über)Forderung komplexer Aufgabe bewältigst und neue Wege (er-)findest.
4. Reflexion: Notiere deine Erfahrungen und Beobachtungen. Wie hat sich das Zusammenspiel von Denken, Schauen und Handeln auf deine Kreativität und Wahrnehmung ausgewirkt?
5. Anwendung: Überlege, wie du dieses Erlebnis in zielgerichtete Arbeitsprozesse, wie Ideenfindung, integrieren kannst.

Zeichnen als Methode der Ideenfindung und Prozesserforschung

Was beim Zeichnen detailliert passiert, soll im Folgenden noch mehr aufgeschlüsselt werden, um es für die Ideenfindung und die Erforschung von Gestaltungsprozessen präziser einsetzen zu können.

Was bewirkt das Zeichnen

Zeichnen spitzt die Tätigkeit der Hand auf den Umgang mit einem Werkzeug zu und hinterlässt Spuren der händischen Bewegung. Damit kann die Zeichnung wie ein Seismograph funktionieren, der innere Bewegungen aufzeichnet. Zeichnung entsteht im Wechselspiel von Augen (abtasten) und Denken (befragen, bewerten, abgleichen). Sie ist Aktion und Reaktion mit wechselnden Anführern: mal Hand, mal Hirn, mal Auge. Dieses Wechselspiel beim Zeichnen löst lineare Denkprozesse durch komplexe

Übersichten ab. So ist Zeichnen zwar ein zeitlicher Prozess, aber die Spuren, die es auf dem Papier hinterlassen, verschmelzen zu einem Bild und werden als Ganzes wahrgenommen. Je länger man an einer Zeichnung arbeitet, desto mehr verdichten sich längere Zeiträume auf dem Papier, und desto komplexer kann die Zeichnung werden. Wohlgemerkt: sie kann, muss aber nicht, denn wenn man zu viel erklären will, wirkt die Zeichnung auf den Betrachter meist nicht mehr inspirierend und anregend, sondern zu ausformuliert, zu fertig, zu erwartbar. Zeichnung sollte immer auch eine gewisse Offenheit, etwas nur Angedeutetes, Unfertiges einschließen, weil dort der Ansatzpunkt für die Kreativität des Betrachters ansetzen kann, die es in einem individuellen Sinne vervollständigt.

Das ist der Assoziationsfreiraum, der bei der Wahrnehmung von Zeichnung eine wichtige Rolle spielt. Eine Zeichnung wird nur dann gerne betrachtet, wenn sie den Betrachtenden einen Freiraum lässt für eigene Leseweisen, Interpretationen oder Ergänzungen. Das mag daran liegen, dass Kreativität eine im Menschen ständig agierende Antriebskraft ist, ohne die man sich nicht lebendig fühlen kann. Eine Abbildung, die diese schöpferische Kraft nicht aktiviert, wird als uninteressant, weil nicht lebendig, wahrgenommen.

Der Vorteil von Bildern ist, dass sie nicht so präzise und manifest sind, wie es eine verbale Aussage vorgibt zu sein. Bilder lassen immer einen Spielraum für Assoziationen offen und übertragen Stimmungen, die sehr viel weiter gefasste Horizonte anklingen lassen, als es Begriffe tun. Das ist besonders förderlich in Teams, wenn man durch das Bild einen gemeinsamen visuellen Anker im Außen setzen kann, der aber gleichzeitig jedem Teammitglied einen individuellen Gedanken- oder Lesespielraum lässt. Das lässt einen gemeinsamen Kern mit einem fluiden Umfeld zu, was noch dadurch verstärkt wird, dass Farbe und Form das kognitive Denken teilweise außer Kraft setzen und auf emotionalen, unbewussten Ebenen wirken.

Zeichnen als visueller Anker

Der gemeinsame Blick von mehreren Beteiligten auf eine Zeichnung ist wie der Blick auf ein gemeinsames Gerüst, welches jeder Mensch in seinem Sinne komplementieren kann. Das inkludiert viele Parameter. Zu den allen bekannten, sichtbaren Faktoren A und B kommen C und D und XY usw., die jedes Teammitglied aus seinem oder ihrem Horizont heraus ergänzt. Das lässt komplexere Sichtweisen auf ein gemeinsames

Thema zu, über das gesprochen werden kann, ohne dass man es Wort für Wort festklopfen muss. Das gemeinsame Gespräch ist der einigende Faktor und das zeichnerische Grundgerüst ist der Beweis für die Einigung.

Diese Behauptung lässt sich sehr schön an folgendem Gleichnis ins Bild setzen:

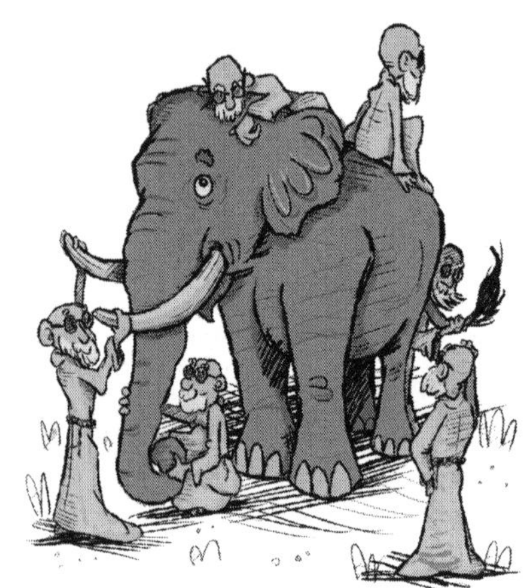

Abbildung 6: Illustration der Parabel „Die Blinden und der Elefant"

Ein König schickt sechs blinde, weise Gelehrte mit dem Auftrag los, herauszufinden, was für ein Tier ein Elefant sei. Als sie zurückkamen, erklärte der Erste, der am Kopf des Elefanten gestanden war: Der Elefant ist wie ein langer Arm. Der zweite, der das Ohr ertastet hatte, widersprach und sagte: Der Elefant ist wie ein großer Teppich. Der Dritte wiederum hatte das Bein berührt und sagte: Nein, der Elefant ist eine dicke Säule. Der Vierte hatte den Schwanz betastet und erklärte überzeugt: Der Elefant ist wie ein Seil, Der Fünfte, der den Rumpf betastet hatte, beschrieb den Elefanten als eine große Wand. Der Sechste und letzte, der den Stoßzahn in der Hand hatte, behauptete, der Elefant sei wie ein Speer. Der König lächelte und bedankte sich bei den Gelehrten und sagte: Nun weiß ich, was für ein Tier ein Elefant ist: Es ist groß wie eine Wand, hat einen Rüssel wie ein langer Arm, Ohren wie Teppich, Beine wie Säulen, einen Schwanz wie ein Seil und Stoßzähne wie ein Speer.

Die Wirklichkeit besteht aus vielfältigen Perspektiven

Dieses Gleichnis zeigt nicht nur, wie verschieden Wahrnehmungen je nach Position sein können. Es zeigt vor allem, dass erst alle Wahrnehmungen aus allen Perspektiven zusammengenommen ein Phänomen erhellend beschreiben. Erst das Zusammengefügte ergibt eine gemeinsame Wirklichkeit, über die wir uns in der Einigung verständigen können. Gleichzeitig bleiben in dieser Einigung alle einzelnen unterschiedlichen Wahrnehmungen gültig. Wenn man die Rolle des Königs genauer betrachtet, dann besagt sie auch, dass Lehrende oder Anleitende die Wahrheit nicht wissen. Durch die Anregung, etwas zu erkunden, bekommen sie erst über die Erfahrungsberichte mitgeteilt, was die individuelle Wirklichkeitskonstruktion eines jeden Einzelnen ist und was die zusammengefügte Wirklichkeitskonstruktion der Gruppe oder des Systems ist.

In der Vielheit der Sichtweisen wird etwas beschrieben, was dem König, und auch den einzelnen Weisen nicht beschreibbar ist. Erst das Ganze zusammengefügt ergibt ein Bild des Elefanten. Das Bild das Elefanten kann gezeichnet werden, ohne dass der Erfahrungshorizont der einzelnen Beteiligten negiert wird, aber auch ohne, dass ein einzelner Erfahrungshorizont die anderen dominiert. Es ist das gesamte, sich im Kopf zusammensetzende Bild eines Elefanten, das den gemeinsamen visuellen Anker bildet, auf den sich alle beziehen können. Dieser Bezugspunkt ist der gemeinsame Hafen, von dem aus erneute Forschungsreisen ausgehen können. Im Bild sind alle Erfahrungen und alles Wissen eingeschrieben, ohne dass sie präzise aufgezählt werden müssen. Je sicherer man im Umgang mit der Zeichnung ist, desto mutiger kann man zeichnerische Mittel und Experimente einsetzen, desto weitere Forschungsreisen in immer unbekanntere Gegenden kann man unternehmen.

Übung: **Fehlerfreundlichkeit üben**

Ziel: Diese Übung dient dazu, kreative Blockaden zu lösen, den inneren Kritiker zu beruhigen und einen ungefilterten kreativen Fluss zu fördern. Sie hilft dir, Unvorhergesehenes oder Fehlerhaftes nicht mehr als Störung, sondern als Möglichkeit zu begreifen und es in deinen Arbeitsprozess zu integrieren.

1. Verwandle Kaffeeflecken in gezeichnete Gegenstände.
2. Lege in deine Zeichenroutine immer wieder 30 Sekunden ein, in denen du blind zeichnest.
3. Wechsle beim Zeichnen immer mal wieder die Hand, mit der du zeichnest.
4. Versuche zwischendrin die Negativräume deiner Zeichnung zu sehen.
5. Zeichne eine Zeit lang mit kopfüber gedrehtem Blatt weiter.
6. Erfinde weitere `Störungen´ für deine Zeichenroutine, die du von Zeit zu Zeit einbaust.
7. Reflexion: Nutze diese Übung als Gelegenheit, um Fehler einzuladen, die du willentlich nie machen würdest. Oft schlagen Fehler Wege vor, die Lösungsmöglichkeiten sein können.

Es geht dann nicht mehr darum, eine Realität im Äußeren abzubilden, sondern darum, durch noch nicht erprobte und nicht bewährte zeichnerische Experimente Bildmöglichkeiten einzuladen, die einem beim Erstellen und beim Betrachten andere, unbekannte Auskünfte darüber geben können, wie eine Sache sein kann. Diese Vorgehensweise erfordert, sich auf unbekanntes Terrain einzulassen und das Risiko des Scheiterns einzugehen. Fehlerfreundlichkeit ist also eine Haltung, die beim Zeichnen sehr von Vorteil ist. Sie kann anhand einfacher Techniken kultiviert werden.

Da Fehler nicht berechenbar sind, sind sie prozesserzeugend und prozessbegleitend zugleich. Sie führen zu Ergebnissen (Ideenfindung) und neuen Fragen (Prozesserforschung). Sie stellen beim Zeichnen neue, situationsgebundene Regeln auf. Sie beschäftigen sich mit Möglichkeiten, nicht mit Regeln.

Zusammenfassend lässt sich sagen, dass beim Zeichnen eine Beziehungsaufnahme mit dem zu untersuchenden Gegenstand, dem Thema stattfindet, die sich in 4 Schritte gliedern lässt:

- Die Zeichentätigkeit führt in den Dialog mit dem Gegenstand
- Der Dialog ist ein Wahrnehmungsprozess
- Der Wahrnehmungsprozess besteht aus Aktion und Reflexion
- Die Reflexion führt zu neuen Fragen an den Gegenstand

Diese sich wiederholenden vier Schritte können als sich annähernde, lösungsorientierte Suchbewegungen bei allen Arten von Auftragszusammenhängen im kreativen Bereich eingesetzt werden. Er gilt sowohl für von außen beauftragte Projekte als auch für selbst beauftragte Vorhaben. Der Unterschied ist, dass man bei Aufträgen die Wünsche des Beauftragenden mitdenken muss, während man bei eigenen Vorhaben flexibler Richtungsänderungen aufnehmen kann.

Zeichnen ist eine Art tätiges Befragen, über das man eine zunehmend tiefere Einsicht in eine Aufgabe gewinnen kann. Gleichzeitig erleichtert es als visueller Anker eine Kommunikation mit anderen Beteiligten über den Fortschritt der gemeinsamen Aufgabe.

Methode: 'Beyond Design Thinking'

Wie der Name Design Thinking schon sagt, handelt es sich nicht um einen Bereich, der klassischerweise kreativen Feldern zugeschrieben wird, sondern um eine spezifische Art des Denkens, das etwas gestaltet. Diese Art des Denkens kann auf jeden beliebigen Bereich übertragen werden, in dem es darum geht, etwas zu kreieren, zu gestalten. Design Thinking wird nicht als Methode, sondern als Ansatz beschrieben, der aus drei gleichwertigen Komponenten besteht:

Team, Raum, Prozess

Team: Es besteht idealerweise aus 5-6 Menschen. Um über Disziplingrenzen hinauszugehen und unterschiedliche Blickwinkel und Horizonte einzuschließen, ist es multidisziplinär. Statt Konkurrenzdenken wird eine ‚Wir-Kultur' gepflegt.

Raum: Er besteht aus flexiblen Arbeitsplätzen, meist im Stehen, die parallel arbeitende Teams ermöglichen. Damit passt er zum Bild der Fledermaus, die im Raum umherflatternd Informationen aufnimmt und sortiert.

Prozess: Der Prozess besteht aus 7 Schritten, die vom Wahrnehmen ausgehen und über das Denken und Handeln zum Prototyping und Testen kommen. Der Prozess beinhaltet ein erfahrungsbasiertes Lernen. Das iterative, in Schleifen die einzelnen Phasen wiederholende Vorgehen, verbindet die Schritte, von denen ein jeder gleichwertig ist.

Dieses iterative Vorgehen als prozessimmanentes Charakteristikum hebt das Design Thinking von anderen Phasenmodellen deutlich ab.

Die Vorstellung des Prozesses als eine linear zu durchschreitende Aufeinanderfolge von Arbeitsschritten wird fast ins beliebige Wiederholen und Wiederaufgreifen von schon gemachten Schritten aufgelöst

Trotz der scheinbaren Beliebigkeit sind die Schritte im Design Thinking klar benannt:

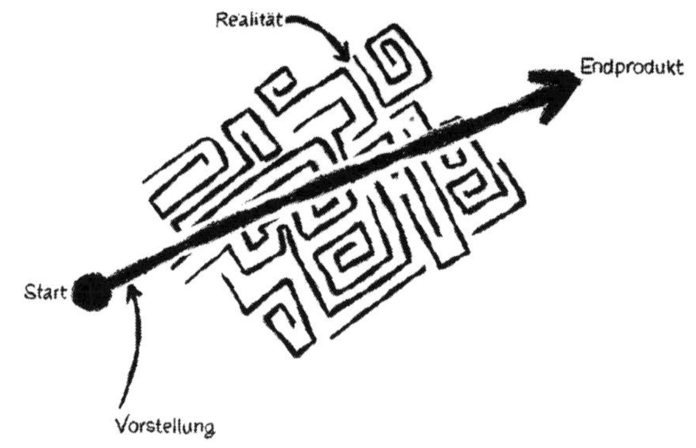

Abbildung 7: Illustration Anliegen - Weg - Ziel

1. Verstehen

In der Phase des Verstehens steckt das Team den Problemraum ab.

2. Beobachten

In der Phase des Beobachtens sehen die Teilnehmenden nach außen und bauen Empathie für Nutzer oder Nutzerinnen und Betroffene auf.

3. Sichtweise definieren

In dieser Phase werden die gewonnenen Erkenntnisse zusammengetragen und zu einer Synthese verdichtet. Es geht darum, Muster zu erkennen, Themen zu identifizieren, Bedeutungen zu erfassen, von konkreten, individuellen Geschichten zu abstrakten, generellen Sachverhalten zu kommen, die übertragbar sind und auf ganze Personengruppen zutreffen.

4. Ideen finden

In der Phase entwickelt das Team zunächst eine Vielzahl von Lösungsmöglichkeiten, um sich dann zu fokussieren. Ganz wichtig ist es, in dieser Phase schnell und unsauber zu arbeiten und viele Ideen, statt gute Ideen zu generieren.

5. Prototypen entwickeln

Das anschließende skizzenhafte Umsetzen dient der Entwicklung konkreter Lösungen und der Auswahl von gut funktionierenden Prototypen. Es erlaubt das Spielen und Nachahmen von Realität.

6. Testen

Die entstandenen Prototypen werden an passenden Zielgruppen getestet, um über das Beobachten der Benutzung mehr über die Rezeption zu erfahren.

7. Lernen

Die Testergebnisse werden in das Nachdenken über das Produkt einbezogen und es wird, wenn nötig, zu früheren Phasen des Prozesses zurückgekehrt.

Merke: Das Vorgehen in Schleifen hebt die Linearität der Schritte auf, befreit vom Druck des unbedingten Weiterkommen, inkludiert in Zirkelschlüssen die gemachten Erfahrungen und kompostiert daraus einen \`kreativen Humus´, aus dem die bestmögliche Lösung erwächst.

Es geht beim Design Thinking nicht nur um eine konkret auf Projekte anzuwendende Methode. Vielmehr beinhaltet Design Thinking die Entwicklung einer Haltung, die auf alle Felder, Themen und Anliegen übertragbar ist. Diese sich zunehmend entwickelnde Haltung ist hier mit Beyond Design Thinking gemeint. Aus der ausführbaren Methode ist eine Art des Denkens und Handelns geworden, die nicht mehr von der handelnden Person zu trennen ist. Es geht um persönliche Entwicklungsschritte, die eine generelle Problemlösungskompetenz wachsen lassen, die personale, fachliche, methodische und soziale Kompetenzen miteinschließt. Im Modus des Design Thinkings zu handeln, kann auch als ein Training der Intuition verstanden werden, indem es einerseits erfahrungsbasiert lernt und andererseits in der Vorläufigkeit der Prototypen und der Bereitschaft die Ergebnisse in Frage zu stellen viel Raum zum Risiko lässt.

Ein weiterer wichtiger Aspekt ist die Kundenorientierung. Das ist erstmal kein Alleinstellungsmerkmal unter den Projektmethoden, verbindet sich beim Design Thinking aber mit einer Betonung der Beobachtungsgabe, der Empathie und des Perspektivwechsels als wichtigste Voraussetzung. Es geht beim Design Thinking nicht darum, die Dinge neu zu gestalten, sondern die Kundenerfahrung neu zu gestalten. Damit ist es konsequent an nutzerzentrierten Innovationen interessiert. Es geht von einem auf Gestaltung von Materie ausgerichteten zu einem immersiven Ansatz. Es will verstehen, warum Menschen machen, was sie machen, um daraus zu folgern, was sie in Zukunft machen werden. Es sucht nach ‚hidden needs' und um alle beteiligten Faktoren besser zu verstehen, beobachtet es das Verhalten von Nutzer*innen in ihrem natürlichen Umfeld. Unter Kostenaspekten scheint dieser nicht zielgerichtete Lösungsprozess ineffizient und nicht machbar. Man darf Design Thinking jedoch nicht als kurzfristig einzusetzende Lösungstechnik missverstehen, geht es doch ganz stark darum, eine Haltung im Team zu entwickeln, die das energetische Feld so aufbereitet, dass die Lösungskompetenz probate, innovative Lösungen schneller erwachsen lässt. Kurz gesagt: Ein Team, das gut aufeinander eingeschwungen ist, erreicht schneller ein Flow-Plateau und kann in den Arbeitsschritten effizienter zusammenarbeiten. Design Thinking als Denkmethode macht es möglich, gestalterische Prozesse in all ihrer Chaotic dennoch als methodisches Vorgehen zu begreifen. Die in der Entwicklungsphase an vorläufigen Prototypen gemachten Erfahrungen sind ein Lernen am Modell. Das Gelernte kann aufgrund von Strukturähnlichkeiten auf andere Kontexte und Aufgabenstellungen übertragen und angepasst werden. Jeder neue Gestaltungsauftrag verlangt jedes Mal wieder einen neuen Start. Dies gelingt leichter mit einer zugrundeliegenden Haltung des Vertrauens in die Kreativität als menschliche Konstante. Durch Kultivierung, sprich Anwendung und stetiges Üben, wird diese Konstante mehr und mehr verfügbar.

Vom Kopf in die Welt

Das erwartet dich in diesem Kapitel:

- Du machst dir die Unterschiede zwischen beauftragten Gestaltungsprojekten und selbst beauftragten Kunstprojekten klar.
- Erschließe dir das Selbst- und Projektmanagement: Du wirst effektive Methoden kennenlernen, die dir dabei helfen, deine Projekte erfolgreich zu steuern und zu organisieren.
- Du erhältst tiefe Einblicke in die Welt der kollaborativen Arbeitsweisen und wie sie deine kreativen Unternehmungen bereichern können.
- Du wirst lernen, eine starke und unabhängige Haltung in deiner künstlerischen Arbeit zu entwickeln, die deinem kreativen Ausdruck Authentizität und Tiefe verleiht.

Kreative Freiheit und strukturiertes Handeln

Im vierten Kapitel dieses Buches betrachten wir, wie bestimmte Methoden des Selbst- und Projektmanagements zu erfolgreicher künstlerischer und gestalterischer Tätigkeit beitragen können. Dabei liegt der Fokus auf Arbeitsweisen, die ein kreatives und fruchtbares Umfeld fördern. Ein Schlüsselelement ist dabei die Balance zwischen Freiheit und Struktur: Kreativität benötigt Freiräume, ähnlich einem Garten, in dem sie wachsen und gedeihen kann. Doch wie ein Garten Pflege und eine gewisse Ordnung braucht, benötigt auch die Kreativität eine Struktur, um ihr volles Potenzial zu entfalten. In diesem Kapitel werden wir konkrete Techniken und Methoden vorstellen, die dieses Gleichgewicht unterstützen. Ziel ist es, ein Umfeld zu schaffen, in dem Kreativität wie ein wohlgenährtes, zufriedenes Reh sicher und frei umherspringen kann, anstatt unter Druck die Flucht zu ergreifen.

Künstlerischem Denken wird ein gewisses Chaotentum nachgesagt. Das mag daran liegen, dass die nicht genau zu planenden und kalkulierenden

Phasen des ergebnisoffenen Arbeitens bei freien künstlerischen Prozessen in der Regel federführend sind. Künstler oder Künstlerinnen schaffen es jedoch nicht wegen einem inspirierenden Chaos um sie herum zu einem Resultat zu kommen, sondern trotz dieses höchst unstrukturierten Chaos. Auch wenn es nicht so sichtbar ist, erfordert dieses, eigentlich die Arbeit erschwerende, chaotische Setting als Kompensation ein hohes Maß an Selbstorganisation und strukturiertem Vorgehen.

Ein Projekt, das frei künstlerisch angegangen wird, entscheidet sich eigentlich nur in einem wesentlichen Punkt von einem beauftragten Design Projekt. Dieser Punkt ist der der Selbstbeauftragung. Dieser Punkt ist jedoch sehr wesentlich, da er allen weiteren Schritten eine andere spezifische Haltung der Selbstverantwortung zugrundegelegt. Alle weiteren Schritte werden auf die Sinnhaftigkeit der ursprünglich gesetzten Fragestellung bezogen und daran gemessen. Sie sind von dieser selbst gesetzten Ursprungssetzung abhängig und bedingen alle weiteren Entscheidungen. Es ist eine handlungsauslösende Setzung, die sich an der Wahrnehmung eines Sachverhaltes entzündet, von dem eine Idee abgeleitet wird. Ausgehend von dieser Idee muss der gesamte folgende Arbeitsprozess einer fortwährenden Befragung daraufhin standhalten. Da diese Selbstbeauftragung eigenverantwortlich geschieht, geht sie in der Regel Hand in Hand mit einer Selbstbefragung. Nicht nur die Sinnhaftigkeit des Arbeitsprozesses in Bezug auf die Ausgangsidee wird befragt, sondern auch immer wieder die ursprüngliche Idee und damit auch die Wahrnehmung, auf der die Idee beruht. Da der Ideen auslösenden Wahrnehmung keine gesellschaftliche Beauftragung vorausgeht, sondern es eine ganz persönliche Selbstbeauftragung ist, steht selbstverständlich der oder die Wahrnehmende selbst auch unter Befragung. Da diese grundsätzliche und ganzheitliche Selbstüberprüfung grundsätzliche Lebensfragen aufwerfen kann, ist sie mitunter sehr verunsichernd.

Dazu kommt, dass die kreative Phase, die am wenigsten planbare ist. In diesem prozessorientierten Abschnitt eines Projektes kann die nächste Entscheidung, der nächste gestalterische Schritt, eine Richtungsänderung für das gesamte Projekt bedeuten. Aufgrund des Wissens um den Verlauf frei künstlerischer Projekte wird das Projektziel in der Regel nur unscharf umrissen oder so offen formuliert, dass eine gewisse Bandbreite an Resultaten als erreichtes Ziel gilt. Da der Prozess also wesentlich offener ist, lässt sich die abschließende gestalterische Formfindung auch nicht als Produkt bezeichnen, sondern ist das Resultat eines Prozesses. Obwohl hier keine Produktabsicht im Vordergrund steht, führt doch jedes kreative Arbeiten zu einem Resultat. Somit kann man bei künstlerisch motivierten Vorgehensweisen im Rahmen von Projekten von Lösungsorientierung sprechen. Zur Verdeutlichung muss man sagen, dass es in der Kunst verschiedene Intentionen geben kann, für die hier 3 Arbeitskategorien aufgemacht werden:

Kunst als Ware

Diese Kategorie lässt sich am ehesten mit Designprozessen vergleichen, da es hierfür einen eindeutigen Markt gibt, der Regeln setzt und Rollen zuweist. Die Kaufentscheidung der Kunden, in diesem Fall meist Sammler, entscheidet, welches Kunstprodukt sich durchsetzt. Wer in diesem Betriebssystem als Kunstschaffender mitspielen möchte, muss sich an die Regeln von Nachfrage und Angebot halten.

Kunst als Botschaft

Kunstschaffen in dieser Kategorie ist von dem Willen getragen, eine Botschaft zu übermitteln. Der Kunstschaffende kommt also mit seinem persönlich motivierten Anliegen sehr viel mehr zur Geltung. Die wirtschaftlichen Finanzierungsmöglichkeiten jedoch werden wiederum von Auftraggebern (Stakeholdern) gesetzt. Durch Förderungen regeln sie, welche Arbeiten produziert werden können.

Kunst als Prozess

In dieser Kategorie steht der Herstellungsprozess im eigentlichen Zentrum des Schaffens. Die Erfahrungen, die im kreativen Prozess gemacht werden, sind die eigentliche Absicht des Tuns. So zeigt sich hier am klarsten das, was gemeinhin unter künstlerischem Schaffen verstanden wird. Das Produkt dieses Schaffensprozesses ist ein Resultat. Da es sich keinen Auftraggebern andienen muss, hat es das größte Potenzial, innovativ zu sein. Gleichzeitig unterliegt es auch der Gefahr, schlichtweg übersehen zu werden. Entsteht aus diesem Prozess etwas, das gesellschaftlich oder wirtschaftlich interessant ist, rutscht es zwangsläufig in die erste Kategorie.

Die Übergänge zwischen den Kategorien sind fließend. Ein Kunstschaffender, dem der freiheitliche Prozess das Ein und Alles ist, kann sehr wohl auch von einer Botschaft getrieben werden. Genauso muss ein Kunstproduzent der ersten Kategorie sich in einer Phase der Herstellung dem kreativen Prozess stellen, auch wenn es hier inzwischen teamorientierte Werkstattformate gibt, in denen der Prozess von vielen Schultern getragen wird.

Deutlich wird jedoch in dieser Kategorisierung das künstlerische Schaffen von einer Haltung getragen, für die man sich im Laufe seines Lebens entscheidet.

Legt man nun den Schwerpunkt der Betrachtung auf die kreativen Arbeitsphasen, stellt man fest, dass viele Phasen und Arbeitsschritte mit denen eines Designprozesses vergleichbar sind. Die zugrunde liegende Haltung bei freien künstlerischen Projekten bewirkt jedoch eine unterschiedliche Wertigkeit und Betonung der Arbeitsschritte, da jeder Schritt getragen wird von der oben beschriebenen, selbst beauftragten Grundhaltung. Die in diesem Buch genannten Phasen eines Designprozesses können als Orientierung dienen.

Im Folgenden werden hier nur die Phasen benannt, in denen sich das freie künstlerische Arbeiten ganz klar unterscheidet von beauftragten Gestaltungsprojekten.

Problemanalyse und Ideenfindung

Stell dir vor, du stehst an einer Weggabelung deiner kreativen Laufbahn: Auf der einen Seite liegt der Pfad der Selbstbeauftragung, auf der anderen der der Auftragsarbeit. In der Selbstbeauftragung bist du sowohl der Ideengeber als auch der Ausführende deines künstlerischen Projekts. Diese Doppelrolle bringt eine besondere Art der Verantwortung mit sich – eine Verantwortung, die über das übliche Maß hinausgeht, da du nicht nur für die Ausführung, sondern auch für die Sinnhaftigkeit deiner Arbeit verantwortlich bist.

Jeder Schritt, jede Entscheidung, die du auf diesem Weg triffst, muss sich an deiner ursprünglichen Vision messen lassen. Diese ständige Selbstreflexion und Bewertung deiner Arbeit stellt eine einzigartige Herausforderung dar, die nicht nur deine kreative, sondern auch deine persönliche Entwicklung beeinflusst. Im Gegensatz dazu steht die Auftragsarbeit, bei der ein externer Auftraggeber die Richtung vorgibt. Hier liegt die Verantwortung eher in der Umsetzung der Vorgaben als in der Generierung der Idee selbst.

Die Entscheidung zwischen diesen beiden Wegen hängt stark von deinen persönlichen Erfahrungen, deiner Sozialisation und deinen Werten ab. Es geht nicht darum, welcher Weg „besser“ oder „schlechter“ ist, sondern darum, welcher Weg am besten zu dir und deinen Zielen passt. Solltest du dich für den Weg der Selbstbeauftragung entscheiden, bedenke, dass neben der kreativen Freiheit auch ein hohes Maß an Selbstverantwortung und Selbstmanagement erforderlich ist, um deinen Weg nachhaltig und erfolgreich zu gestalten.

Die selbst beauftragte Setzung entzündet selbst den „Auftrag". Das bedeutet, dass die gesamte Verantwortung für die Sinnhaftigkeit des Tuns und der angestrebten Resultate allein bei der erschaffenden Person liegt. Solch eine doppelte Verantwortung zu übernehmen, liegt nicht jedem.

In künstlerisch initiierten Projekten spielt der „Entdeckungszusammenhang", ein Begriff aus der Wissenschaftstheorie, eine zentrale Rolle. Diese Wahrnehmung bildet den Ausgangspunkt für eine künstlerisch zu untersuchende Fragestellung. Künstlerische Forschung und der von Karl Popper in der Wissenschaftstheorie beschriebene Entdeckungszusammenhang (Popper 1934/2023) sind eng miteinander verbunden. In künstlerisch initiierten Projekten geht es nicht nur um die Produktion ästhetischer Objekte, sondern auch um die Erforschung neuer Ideen und Konzepte. Die Künstlerin begibt sich auf eine Entdeckungsreise, auf der sie sowohl innere als auch äußere Welten erforscht.

Popper betont die Rolle von Intuition und Kreativität im Entdeckungsprozess (ebd.). Künstler nutzen ihre Imagination und ihr Erfahrungswissen, um ihre Fragestellungen zu verfolgen. Oft ist diese Fragestellung stark persönlich geprägt und kann an die Grenzen einer therapeutischen Selbstbefragung reichen. Der oder die Kunstschaffende entscheidet, ob das Ergebnis seines Schaffens eher introspektiv oder gesellschaftskritisch ausgerichtet ist. Dabei ist die Authentizität des Werks ein wichtiges Kriterium. Interessanterweise erzielen oft gerade die subjektiven Ergebnisse eine starke intersubjektive Resonanz bei den Betrachtenden.

In selbst beauftragten Projekten ist der Grad der Identifikation mit der Aufgabe von entscheidender Bedeutung. Je mehr du dich mit der Sinnhaftigkeit des Projekts identifizierst und das Problem als dein eigenes begreifst, desto näher rückt deine gestalterische Arbeit im Designkontext an den Geist frei künstlerischen Arbeitens heran. Diese Identifikation kann strategisch genutzt werden, um die Motivation zu steigern. Es zeigt sich auch, dass die Grenzen zwischen künstlerischer, gestalterischer und kreativer Arbeit fließend sind. Die Zuordnung deiner Arbeit hängt wesentlich von deiner inneren Haltung ab und weniger von disziplinären Definitionen; also ob das Ergebnis der Arbeit eine Skulptur oder ein Konzept für das Kulturamt deiner Stadt ist. Daher ist es sinnvoll, selbst zu entscheiden, wie du deine Arbeit einordnest. Dies mag einer strengen wissenschaftlichen Begriffsauslegung widersprechen, passt aber besser zu deinen persönlichen Wertvorstellungen.

Bei der Recherche für dein kreatives Projekt ist es entscheidend, die Orientierung an eigenen Erfahrungen in den Vordergrund zu stellen. Bei aller systematischen Recherche, durchbreche bewusst deine gewohnten Muster: Schau dir einen Film an, der nicht deinen üblichen Interessen entspricht oder wage eine neue körperliche Erfahrung – eine Übung zum Durchbrechen gewachsener Muster folgt am Ende des Kapitels. Solche scheinbaren Ablenkungen ermöglichen es dir, frische Perspektiven und Erlebnisse in dein Projekt einzubringen. Die Recherche dient nicht nur der Wissenserweiterung, sondern auch der Inspiration. Halte Ausschau nach „Happy Accidents", also glücklichen Zufällen, die dich inspirieren können. Die Rolle des Zufalls im Designprozess wird später noch vertieft.

Merke: In der Selbstbeauftragung liegt eine doppelte Verantwortung – für die Sinnhaftigkeit und Ausführung des Projekts – und sie erfordert eine tiefe Identifikation mit dem Werk, wobei das kreative Schaffen durch das Durchbrechen gewohnter Muster und die Einbeziehung zufälliger Inspirationen bereichert wird.

Betrachte die Recherche als eine Art suchendes Brainstorming. Durch Clustern und Kategorisieren der Informationen kannst du das weite Feld der Möglichkeiten eingrenzen und immer wieder auf deine ursprüngliche Fragestellung zurückführen. In diesem Prozess tauchen durch assoziatives Denken immer wieder Ideen auf, die auf ihre Wertigkeit hin betrachtet werden sollten.

Um es bildhaft auszudrücken: Stelle dir den Ideenfindungsprozess wie das Kultivieren einer Blumenwiese vor: Du bereicherst sie mit Humus, düngst und wässerst sie. Einige Pflanzen werden dominanter sein als andere, aber das Vergnügen liegt darin, auch die kleineren Pflanzen zu würdigen. Übertragen auf den kreativen Prozess bedeutet das, dass kleinere Ideen wertvolle Hinweise oder Aspekte beinhalten können, die zur Hauptidee beitragen. Diese Hauptidee solltest du weiterverfolgen und ausbauen, angereichert durch die Nebenideen. Dies erfordert ein Gleichgewicht zwischen der Vielfalt der Ideen und der Reduzierung der Komplexität auf eine repräsentative Idee – wie eine Blume, die den Duft eines ganzen Blumenfeldes einfängt.

Übung: **Musterbrechende Recherche**

Ziel: Diese Übung zielt darauf ab, deine kreativen Prozesse durch das Durchbrechen gewohnter Denk- und Handlungsmuster zu stimulieren. Deshalb sind die hier aufgezählten Möglichkeiten nicht als eine Abfolge zu verstehen, sondern als eine Sammlung. Nach Abschluss der Übung reflektiere darüber, wie diese Methode der Musterbrechenden Recherche deinen kreativen Prozess beeinflusst hat. Überlege, welche neuen Ansätze oder Ideen du für dein Projekt gewinnen konntest und wie du diese in Zukunft anwenden möchtest.

1. Wähle eine Aktivität aus, die außerhalb deiner gewöhnlichen Interessen oder Routinen liegt. Dies könnte das Anschauen eines untypischen Films für dich sein, das Ausprobieren einer neuen Sportart, oder das Besuchen einer ungewohnten Veranstaltung.
2. Reflektiere während und nach der Aktivität über neue Eindrücke, Gedanken und Gefühle, die auftreten. Notiere diese in deinem Reflexionstagebuch.
3. Übertrage diese frischen Perspektiven auf dein aktuelles Projekt. Frage dich, wie diese neuen Erfahrungen deine Sichtweise oder Herangehensweise beeinflussen können.
4. Führe eine bewusste Recherche durch, bei der du gezielt nach Informationen suchst, die außerhalb deines normalen Interessensgebietes liegen. Beobachte, wie diese „Happy Accidents“ deine Kreativität beflügeln können.
5. Strukturiere deine Rechercheergebnisse durch Clustern und Kategorisieren. Überlege, wie sie zu deiner ursprünglichen Fragestellung zurückführen oder diese erweitern.
6. Balanciere analoge und digitale Recherche. Versuche, primäre, erfahrungsbasierte Recherche in den Vordergrund zu stellen und achte darauf, dich nicht in der Informationsflut zu verlieren.
7. Setze dir ein klares Limit für deine Recherche. Entscheide im Voraus, wann du die Recherche beenden willst, um eine Informationsüberladung zu vermeiden.

Je stärker der Arbeitsprozess durch frei künstlerisches, selbst beauftragtes Arbeiten geprägt ist, desto mehr ergibt sich die genau definierte Aufgabenstellung erst im Laufe des Arbeitsprozesses. Die fortwährende überprüfende Befragung der Idee wird erst dann beendet, wenn es eine selbst oder von außen gesetzte Deadline gibt. Diese zeitliche Verschiebung der Intensität von Arbeitsphasen im Vergleich zu Designprozessen ist möglich, da der Abstimmungsprozess nur mit sich selbst läuft und nicht mit einem Kunden oder einer Kundin. Dennoch, oder vielleicht gerade deshalb, ist es sinnvoll sich selbst Deadlines zu setzen, denn die nicht abgeschlossene, immer weiter gärende Bearbeitung von Fragen hinterlässt ein schales

Gefühl. Zudem verhindert sie auch Offenheit, sich weiteren Fragen und Arbeiten zuzuwenden. Unter anderem aus diesem Grund haben wohl auch in der Kunstwelt das Denken und Agieren in Projekten mit einem definierten Anfang und Ende ihren Siegeszug gehalten.

Reflexion des künstlerischen Entwicklungsprozesses

Durch Selbstbeobachtung könnt ihr verstehen, wie eure Arbeitsweise funktioniert, welche Strategien ihr nutzt, welche euch helfen und welche eher hinderlich sind. Es geht dabei nicht darum, euch zu effizienteren „Arbeitsmaschinen" zu machen. Vielmehr sollt ihr lernen, wie ihr eure kreativen Kräfte besser nutzen könnt, um einen freien und fließenden Zugang zu eurem künstlerischen Schaffen zu finden. Die Wichtigkeit dieser Selbstbeobachtung beim gestalterischen Tun ist essentiell, da sie aufschlussreiche Schlüsse ermöglicht, wie das eigene Tun funktioniert und welche Strategien optimiert werden können.

Das Arbeitsjournal ist ein entscheidendes Instrument für den Self-Monitoring-Prozess in kreativen Projekten. Es ist eine Art Logbuch oder Reisetagebuch, in dem ihr euren Prozessverlauf im Rahmen eines Projektes Schritt für Schritt, Tag für Tag, festhalten könnt. Das Arbeitsjournal ist nicht nur ein Werkzeug, sondern auch ein eigenständiges künstlerisches Artefakt. Es verkörpert den kreativen Prozess und wird Teil des Kunstwerks selbst. Indem man Gedanken, Ideen und Fortschritte festhält, gestaltet man das Journal auf eine Weise, die sowohl reflektierend als auch kreativ ist. Es ist eine freudvolle Methode, da es den künstlerischen Prozess sichtbar macht und jedem Eintrag eine persönliche und ästhetische Bedeutung verleiht. Das Arbeitsjournal wird somit zu einem integralen Bestandteil des kreativen Schaffens, das sowohl die Entwicklung des Projekts als auch die des Künstlers selbst dokumentiert. Es fungiert als ein detailliertes Logbuch, in dem jeder Schritt des kreativen Prozesses – von der Konzeption bis zur Realisierung – festgehalten wird. Dies ermöglicht nicht nur einen Vergleich der Entwicklungsschritte, sondern zeigt auch, wie effizient oder ausufernd der Prozess im Verhältnis zum Endprodukt war.

Merke: Das Ziel des Arbeitsjournals besteht darin, durch regelmäßige Aufzeichnung eine tiefere Reflexion und ein besseres Verständnis für die eigene Vorgehensweise zu ermöglichen. Es hilft, eigene Gedanken zu entwickeln und zu optimieren, fast wie in einem Dialog mit sich selbst.

Diese sekundäre Reflexion ermöglicht ein klares Verständnis des eigenen Lernprozesses während des Projekts und macht sichtbar, wie Ergebnisse erzielt wurden. Dies kann als Grundlage für zukünftige Projekte dienen. Wichtig ist die regelmäßige Pflege des Journals, um auch aus scheinbar unbedeutenden Tagen wertvolle Erkenntnisse zu gewinnen.

Die Form deines Arbeitsjournals ist ganz dir überlassen. Es ist sinnvoll, deine Beobachtungen und Gedanken nicht nur in Textform festzuhalten, sondern auch durch Zeichnungen, schematische Darstellungen, Mindmaps oder Cluster visuell zu erfassen. Dies hilft dir später, schnell Verbindungen zwischen deinen Gedanken herzustellen und neue Ideen zu entwickeln. In deinem Journal kannst du all das festhalten, was dir wichtig erscheint: Erfahrungen, Reflexionen, Zitate, flüchtige Ideen, Feedback und mehr. Dabei helfen dir Leitfragen wie „Was habe ich erfahren?", „Was kann ich vertiefen?", „Was kann ich anwenden?", „Was bleibt offen?", „Was ist noch unklar?" und „Was erscheint mir optimierbar?" Je individueller du dein Arbeitsjournal gestaltest, desto mehr erfährst du über deine eigene Arbeitsweise und deine Umgangsformen mit verschiedenen Strategien.

Übung: **Fehlerfreundlichkeit üben**

Ziel: Diese Übung fördert eine tiefere Verbindung mit deinen künstlerischen oder gestalterischen Zielen. Durch regelmäßige Anwendung dieser Übung folgst du einem roten Faden in deinem Werk und verstärkst deine innere Stimmigkeit und Zielorientierung. Wie in der Kunst, wo der Dialog mit dem Selbst am Material ausgetragen wird, hilft dir diese Übung, einen inneren Dialog zu führen und ein Gefühl der Stimmigkeit in deinen Projekten zu entwickeln.

1. Frage nach dem wichtigsten Ziel: Auf deinem Weg nach Hause, nutze die Zeit, um dir selbst die Frage zu stellen: Was ist momentan mein wichtigstes Ziel?
2. Rückblick auf den Tag: Überlege, welche Schritte du heute in Richtung dieses Ziels unternommen hast.
3. Würdigung der Unterstützung: Denke darüber nach, wer dich heute bei deinem Fortschritt unterstützt hat. Hast du diesen Fortschritt vielleicht sogar öffentlich gewürdigt?
4. Planung der Anerkennung: Überlege, wann und wie du diesen Fortschritt anerkennen oder feiern wirst.
5. Vorbereitung auf den nächsten Tag: Mit diesen Überlegungen schließt du den Tag ab und stellst sicher, dass du am nächsten Morgen mit einem klaren Kopf und einem konkreten Plan in den Tag startest.

Über das Führen und methodische Einsetzen von Arbeitsjournalen, oder auch Lehrportfolios, kann man in dem Buch von Gerd Bräuer vertiefende Anwendungsvorschläge finden. (Bräuer 2016)

Die Reflexion in freien künstlerischen Projekten ähnelt der Analysephase in Designprozessen. In der Kunst führt man einen inneren Dialog mit sich selbst, der am Material ausgetragen wird und erst mit einem Gefühl der Stimmigkeit abschließt. Diese inneren Selbstgespräche werden meist nicht öffentlich gemacht, was dem Kunstschaffen eine persönliche und manchmal rätselhafte Note verleiht. Kunstschaffende folgen dabei ihren eigenen Leitfragen, die sich wie ein roter Faden durch ihr Werk ziehen.

Gestaltende und ihre Werkzeuge

In diesem Exkurs betrachten wir die Rolle künstlicher Intelligenz (KI) als Werkzeug in der gestalterischen Praxis, insbesondere im Kontext dieses Buches und der bisherigen Dialoge. KI-Modelle wie ChatGPT, die Texte und Bilder generieren, bieten eine einzigartige Perspektive: Sie erzeugen keine Plagiate, sondern Unikate, die allerdings „nur" aus der Neukombination bestehender Elemente entstehen. Diese Ergebnisse besitzen in den meisten Fällen keine urheberrechtliche Schöpfungshöhe. Doch tragen wir die Verantwortung für ihre Integration in unsere kreativen Prozesse.

KI-Tools sind nicht nur technische Hilfsmittel; sie fungieren als Inspirationsquellen und Imitationswerkzeuge. ChatGPT beispielsweise dient nicht nur als Informationsquelle, sondern auch als Sparringspartner, der hilft, Zielgruppen zu imitieren und hypothetische Gespräche zu simulieren. Diese Interaktion fördert kreative Ansätze und unterstützt die Konzeption.

Entscheidend ist jedoch die Eigenständigkeit des eigenen Inputs. Die Qualität und Originalität der KI-generierten Inhalte hängen stark von der Qualität und Einzigartigkeit der Eingabeprompts ab. Eine Faustregel könnte sein, dass der Umfang und die Tiefe des Prompts die Autorschaft und Originalität des Outputs widerspiegeln. So wird KI zu einem wertvollen Teil des kreativen Werkzeugkastens, der unsere menschliche Kreativität ergänzt, ohne sie zu ersetzen.

Ein Gespräch: Das Hintergrundwissen neuronaler Netzwerke

In diesem Gespräch gehen wir auf die Erfahrungen und Erkenntnisse von Jenny Habermehl ein, die sich in ihrer Masterarbeit intensiv mit der Rolle von künstlicher Intelligenz im Designprozess auseinandergesetzt hat. In ihrer Selbstständigkeit als Designerin hat sie sich länger und intensiver als die meisten von uns mit diesem Thema auseinandergesetzt, nicht zuletzt in ihrem Buch „KI für Kreative. Künstliche Intelligenz für Grafik und Design" (Habermehl 2024).

Christiane ten Hoevel: Kannst du uns als Einstieg bitte erzählen, wie sich dein Verhältnis zur Technik und speziell zu Computern entwickelt hat und wie sich das dann in Richtung Künstliche Intelligenz entwickelt hat?

Jenny Habermehl: Also, ich bin von Anfang an in die Welt der Computer und Technologie eingetaucht, dank meines Vaters, der in der Branche tätig war. Das hat mir den Weg bereitet, mich früh mit Computern auseinanderzusetzen. Mein Interesse war immer groß, zu verstehen, wie diese Technologien funktionieren. Als ich 2019 das Thema KI und Kreativität für meine Masterarbeit gewählt habe, war diese Neugier gegenüber dieser neuen Technologie ebenfalls sehr groß. Ich fand unter anderem heraus, dass hinter KI eine Menge manueller und aufwendiger Arbeit im Training steckt. Viele Menschen sind daran beteiligt, und sie entscheiden letztendlich, wie die KI funktioniert. Dieses Wissen um den Aufwand und die menschliche Komponente im KI-Training ist für meine Arbeit wichtig, um die Grenzen und Möglichkeiten der KI besser zu verstehen und sie effektiv in meinen Designprozess einzubinden.

Christiane ten Hoevel: Worin siehst du den großen Vorteil für Designer und Designerinnen, wenn sie ein fundiertes Wissen darüber haben, wie KI-basierte Tools funktionieren?

Jenny Habermehl: Ein fundiertes Wissen über KI-Tools ist für Designer und Designerinnen unerlässlich, und zwar nicht nur wegen der technischen Aspekte, sondern auch, um die technisch bedingte Voreingenommenheit und die soziale Reflexion in den Trainingsdaten zu verstehen. Diese Trainingsdaten sind ein Spiegelbild unserer Gesellschaft und beeinflussen wiederum, welchen Output die KI generiert. Wenn wir das im Blick haben, können wir Designer und Designerinnen bewusster mit KI arbeiten, sie als Gestaltungsassistenz einsetzen und gleichzeitig dabei kritisch reflektieren, inwieweit KI tatsächlich Neues schafft oder nur bestehende Muster neu zusammensetzt. Mit diesem Wissen können wir KI bewusst und verantwortungsvoll in unseren kreativen Prozess integrieren.

Andreas Lanig: Birgt es nicht die Gefahr, dass wir über die in der KI eingebaute Wahrscheinlichkeitsrechnung mit immer den gleichen konzeptionellen und visuellen Mustern konfrontiert werden?

Jenny Habermehl: Ja, diese Gefahr besteht definitiv. KI-Systeme basieren auf Wahrscheinlichkeitsrechnungen und spiegeln oft die Trainingsdaten wider, die wiederum von existierenden Mustern und Vorlieben der breiten Masse geprägt sind. Das kann dazu führen, dass Designer oder Designerinnen in einer Art Bubble stecken bleiben, ähnlich wie bei Instagram oder Pinterest, wo man immer wieder mit ähnlichen visuellen und konzeptionellen Mustern konfrontiert wird. Diese Endlosschleife der Reproduktion vorhandener Ideen kann die kreative Entwicklung hemmen. Es ist daher wichtig, bewusst über den Tellerrand zu blicken und aktiv nach neuen, unkonventionellen Inspirationen zu suchen, um diese Herausforderung zu überwinden.

Andreas Lanig: Wie geht es bei dir – lass uns über deinen eigenen Designprozess sprechen. Wie schaffst du die Balance zwischen Intuition und der Integration von KI-Tools – im Design gibt es diesen „Heureka"-Moment und andere Beschreibungen, wie die gute Idee im scheinbar Trivialen auftaucht. Wie ist das bei dir?

Jenny Habermehl: In meinem Designprozess ist es mir wichtig, ein Gleichgewicht zwischen Intuition und KI-Tools zu finden. Ich nutze KI als eine Erweiterung meiner Fähigkeiten, um verschiedene Perspektiven auf meine Arbeit zu erhalten. Aber ich bin mir bewusst, dass KI auf Wahrscheinlichkeiten basiert und festgelegte Prozesse verfolgt. Es ist keine Magie, sondern eher ein Tool, das auf Basis von Trainingsdaten funktioniert. Die endgültige kreative Entscheidung und der ‚Heureka'-Moment kommen von mir als Gestalterin. So bleibe ich der kreativen Intuition treu, während ich die technischen Möglichkeiten der KI nutze.

Wie geht das bei mir? Für mich ist es wichtig, neben der Arbeit mit KI auch reale Erfahrungen und analoge Inspirationen zu integrieren. Ich finde es essentiell, rauszugehen und die Welt zu erleben – sei es beim Reisen, Einkaufen oder in Gesprächen mit anderen Menschen. Diese echten Erlebnisse inspirieren und fördern damit meinen Designprozess. Zum Beispiel, wenn ich für ein Projekt über Straßenbaumaschinen arbeite, gehe ich auf Baustellen, um die Maschinen und die Arbeitsumgebung direkt zu erleben. Diese realen Beobachtungen helfen mir, authentische und relevante Designs zu erstellen. Auch wenn ich technologieaffin bin und gerne mit Computern arbeite – beispielsweise arbeite ich bei mir im Büro komplett papierlos – schätze ich die Bedeutung des Analogen und Persönlichen im kreativen Prozess sehr. Es ist dieser Mix aus digitalen Tools und realen Erfahrungen, der meinen Designansatz prägt.

Andreas Lanig: Diese Designprozesse reflektierst du auch in deinem Buch. Kannst du eine kurze Zusammenfassung geben, was uns dort erwartet?

Jenny Habermehl: In meinem Buch „KI für Kreative – Künstliche Intelligenz für Grafik und Design" erforsche ich, wie Künstliche Intelligenz das Grafikdesign revolutioniert (Habermehl 2024). Es bietet einen umfassenden Überblick über den effektiven Einsatz von KI-Technologien in der Kreativbranche. Von der Datenanalyse bis zur Erstellung von Bildern, Texten und Videos – ich zeige, wie KI den Designprozess unterstützen und die Kreativität steigern kann, aber auch wo ethische und weitere Herausforderungen vor uns liegen. Ich zeige inspirierende Anwendungen aktueller KI-Modelle wie Midjourney, DALL-E, Adobe Firefly und Stable Diffusion und biete konkrete Beispiele für deren Einsatz in der Praxis. Darüber hinaus behandelt das Buch auch fortgeschrittene Prompting-Techniken und zeigt, wie KI bei alltäglichen Designaufgaben unterstützen kann. Ich hoffe, dass mein Buch nicht nur als technischer Leitfaden dient, sondern auch als Inspiration für alle Gestalter und Gestalterinnen, die sich der Welt der KI öffnen wollen.

Andreas Lanig: Viele dieser Techniken beschreibst du auch in deinem kürzlich erschienenen Buch. Hast du zum Abschluss eine grundlegende These, die du einer kommenden Generation von Gestaltern und Künstlerinnen in Bezug auf KI-Tools mitgeben möchtest?

Jenny Habermehl: Wir werden täglich mit Informationen über neueste Funktionen von KI-Tools bombardiert, aber den Designern und Designerinnen fehlt oftmals das tiefere Verständnis. Daher ist es wichtig, sich objektiv zu informieren und dann selbst zu entscheiden, ob und wie man KI einsetzt. Man sollte sich einlesen und verstehen, was hinter den Tools steckt, anstatt nur an der Oberfläche zu bleiben. Nur so kann es meines Erachtens zu einer hilfreichen und auch ethisch vertretbaren Designassistenz werden. Für mich persönlich bedeutet das, neugierig zu bleiben und KI als Werkzeug zu betrachten und zu nutzen. Denn nur durch das Ausprobieren und Experimentieren mit KI kann ich erkennen, was ich wirklich will und was nicht. Zukünftig werden wir unsere eigenen KI-Assistenten trainieren und nutzen lernen – was das Berufsfeld der Designer und Designerinnen verändern wird, aber auch so spannend macht.

Synergie von klassischen und agilen Projektmanagementmethoden in der kreativen Gestaltung

Die verschiedenen Projektmanagementmethoden sind nicht unbedingt ein Gegensatz. In der kreativen Gestaltung ist es von zentraler Bedeutung, ein ausgewogenes Zusammenspiel zwischen klassischen und agilen Projektmanagementmethoden zu finden. Während klassische Methoden Struktur und Planung bieten, ermöglichen agile Ansätze eine höhere Anpassungsfähigkeit und Kreativität. Die Gewichtung bei kreativ-künstlerischen Vorgehensweisen liegt eher bei experimentellen Vorgehensweisen. Das erfordert nicht nur Flexibilität, sondern auch ein hohes Maß an Fehlerfreundlichkeit. Mehr noch: Es empfiehlt sich, Fehler geradezu einzubauen, um ihr Potenzial, Lösungsvorschläge aufzuzeigen, nutzen zu können. Die Lust am möglichen Scheitern, am ‚try and error' als strategische Vorgehensweise lässt hier oft neue Freiräume für das Denken entstehen, in denen alles anders sein könnte als es bisher war.

Agile Arbeitsmethoden basieren auf den Prinzipien Adaption, Goal attainment, Integration und Latency (AGIL), wie sie von Talcott Parsons (Parson 1951) beschrieben wurden:

- **Adaption (Anpassung):** Agile Methoden ermöglichen es, flexibel auf Veränderungen zu reagieren. In kreativen Projekten, wo oft unvorhersehbare Entwicklungen auftreten, ist diese Fähigkeit besonders wertvoll.
- **Goal attainment (Zielverfolgung):** Teams legen gemeinsame Ziele fest und arbeiten kooperativ daran, diese zu erreichen. Dies fördert den kreativen Austausch und unterstützt die Fokussierung auf das Projektziel.
- **Integration**: Verschiedene Persönlichkeiten und Fähigkeiten werden in das Team integriert. Diese Vielfalt fördert kreative Lösungen und innovative Ansätze.
- **Latency (Wartezeit):** Dieses Prinzip bezieht sich auf die Zeit, die benötigt wird, um Werte und Strukturen in einer Organisationskultur aufrechtzuerhalten. In kreativen Prozessen kann diese Zeit genutzt werden, um Ideen reifen zu lassen und kreative Lösungen zu entwickeln.

In einer VUCA-Welt (Volatilität, Unsicherheit, Komplexität, Ambivalenz) ist die Anwendung von Agilität essentiell. Sie ermöglicht es, schneller auf Störungen und Veränderungen zu reagieren und gleichzeitig den kreativen Prozess zu nähren. Die Kombination von strukturierter Planung und agiler Flexibilität erlaubt es Gestalterinnen und Gestaltern, sich den Herausforderungen des kreativen Schaffens effektiv zu stellen und dabei sowohl planvoll als auch experimentell vorzugehen. Dies führt oft zu innovativen, kreativen Lösungen, die in einem rein traditionellen oder ausschließlich agilen Ansatz möglicherweise nicht entstanden wären.

Kreativitätskultur statt Kreativitätstechnik

In diesem Kapitel hätte auch eine umfangreiche Liste mit Verweisen zu verschiedensten Kreativitätstechniken stehen können. Da diese vielfach in Literatur und anderen Quellen aufgezählt ist, soll hier nach Bedarf und Interesse zu einer eigenen Recherche angeregt werden.

Gleichzeitig ist die Auslassung einer Aufzählung in der Überzeugung begründet, dass Kreativität nicht das Ergebnis von Techniken ist, sondern in einer Haltung gründet, die über Jahre und Jahrzehnte im Menschen kultiviert wird.

Diese Auffassung, dass Kreativität geübt werden kann, zieht sich durch das gesamte Studienheft und grenzt sich damit klar von Vorstellungen eines Genies ab. Es wurde auch schon gesagt, dass Kreativität eine menschliche Konstante ist. Der Mensch kommt als kreatives Wesen auf die Welt und strebt nach Entwicklung. Die Entwicklung wird jedoch an Erfordernissen des sozialen Miteinanders ausgerichtet und meist dadurch auch eingeschränkt. Um die dem Menschen eigene Kreativität wieder hervorzuholen und weiterzuentwickeln, muss sie kultiviert werden. Das ist vergleichbar mit dem schon beschriebenen Gärtner, der weiß, was seine Pflanzen zum Wachsen brauchen. Oder, um ein anderes schon eingeführtes Bild zu bemühen: Kreativität ist wie ein Muskel, der trainiert werden muss, damit er nicht erschlafft.

Diese Kultivierung oder das Training lassen eine Haltung erwachsen, aus der Methoden erst entstehen. Mit Methoden einen nicht trainierten Muskel zu malträtieren wäre kontraproduktiv. Dennoch haben Methoden ihre Rechtfertigung darin, dass sie ein Wissen um die Wirkweise kreativer Strategien und geeigneter Rahmungen für kreative Prozesse beinhalten.

Besonders in kollaborativen und kooperativen Arbeitsformen, wie sie in späteren Kapiteln in diesem Buch noch beschrieben werden, unterstützen Methoden eine Einigung auf gemeinsame Regeln. Aber selbst dabei gilt: Methoden sollten immer als vorläufig und situationsbezogen genommen werden, denn die geeigneten Regeln ergeben sich in jedem Prozess kontextabhängig neu. Regeln und Methoden bedürfen einer ständigen Aktualisierung und Adaptation. Deswegen braucht es als Grundlage für jegliche Techniken und Methoden eine gemeinsame kreative Kultur, die sich in einer Haltung und in einer Vorgehensweise ausdrückt.

Ein Gespräch: Organisierte Kreativität

In diesem Gespräch treffen wir Tilo Staudenrausch, einen radikalen Denker in den Bereichen Kreativität und Design. Tilo ist bekannt für seine unkonventionellen Einblicke in kreative Prozesse und Pädagogik, die er in seinem Buch „Organisierte Kreativität" (Staudenrausch 2017) ausgebreitet hat. Dieses Gespräch bietet wertvolle Perspektiven für alle, die sich für Kreativität in Bildung und Beruf interessieren und ist eine bereichernde Erweiterung für jedes Buch, das sich mit diesen Themen auseinandersetzt.

Andreas Lanig: Tilo, könntest du dich zu Beginn unseres Gesprächs bitte kurz vorstellen? Erzähle uns etwas über deinen beruflichen Hintergrund und deine Arbeit im Bereich Kreativität und Gestaltung.

Tilo Staudenrausch: Ich beschäftige mich seit drei Jahrzehnten intensiv mit Kreativitätsförderung und Gestaltungslehre. In meiner Arbeit konzentriere ich mich darauf, wie kreative Prozesse in verschiedenen Umgebungen, sei es in Unternehmen oder im akademischen Bereich, gefördert und entwickelt werden können. Meine Leidenschaft gilt insbesondere der Integration von kreativem Denken in Bildungs- und Arbeitsprozesse.

Andreas Lanig: Wie definierst du Kreativität in Unternehmen und wie können Kreativitätstechniken dort angewendet werden?

Tilo Staudenrausch: Kreativität in Unternehmen ist das Streben nach innovativen und effektiven Lösungen. Kreativitätstechniken sollten dabei nur als Mittel zum Zweck, zur Förderung eines offenen, experimentellen Denkansatzes eingesetzt werden. Es geht darum, eine Umgebung zu schaffen, in der Mitarbeiter sich trauen, neue Ideen zu äußern und Fehler als Lernchance zu sehen. Eine solche Kultur ermutigt zum Querdenken und erlaubt es, über den Tellerrand hinauszublicken.

Christiane ten Hoevel: Welchen Stellenwert hat dabei das laterale Denken, das du in deinem Buch recht umfassend beschreibst, im Vergleich zum linearen Denken in kreativen Prozessen?

Tilo Staudenrausch: Laterales Denken ist entscheidend für kreative Prozesse, da es den Fokus auf den Denkweg selbst legt. Es ermöglicht das Erkunden von Möglichkeiten außerhalb der üblichen Pfade und fördert somit das Entdecken unkonventioneller Lösungen. Im Gegensatz dazu zielt lineares Denken auf direkte, zielgerichtete Problemlösungen ab. Beide Denkweisen ergänzen sich und sind wichtig, um sowohl innovative Ideen zu generieren als auch diese in die Praxis umzusetzen. Diese Fähigkeit, zwischen lateralem und linearem Denken zu wechseln, verändert das Mindset nachhaltig. Es ist aber auch ein langwieriger Prozess, der Geduld und ständiges Üben erfordert.

Eine positive Fehlerkultur ist fundamental für die Kreativitätsförderung. In einer Umgebung, in der Fehler als Teil des Lernprozesses akzeptiert werden, trauen sich Mitarbeitende, Risiken einzugehen und kreativ zu sein. Das schafft Raum für Innovation, da aus Fehlern oft wichtige Erkenntnisse gewonnen werden. Unternehmen sollten Fehler als Chance zur Weiterentwicklung und nicht als Hindernis betrachten.

Andreas Lanig: Wie förderst du Kreativität in deiner Lehre?

Tilo Staudenrausch: In meiner Arbeit dreht sich alles um Kreativität und deren Förderung, insbesondere in der Gestaltung. Ein Beispiel hierfür ist die Gründung des Online-Studiengangs Grafikdesign, bei dem wir einen starken Fokus auf kreative Prozesse und experimentelle Ansätze legten. Wir wollten eine Umgebung schaffen, in der Studierende und Mitarbeiter sich frei fühlen, neue Ideen zu äußern, und Fehler als Chance zum Lernen sehen. Solch eine offene und experimentelle Kultur ermutigt zu ergebnisoffenen Handlungsstrategien, die viel wahrscheinlicher zu wirklich neuen Lösungen führen können.

Selbstreflexion ist dabei ein wesentlicher Bestandteil des kreativen Prozesses. Sie ermöglicht es Individuen, ihre Gedanken und Ideen zu hinterfragen, zu bewerten und weiterzuentwickeln. Dieser Prozess fördert nicht nur die persönliche Entwicklung, sondern auch die Tiefe und Qualität der kreativen Arbeit. Selbstreflexion führt zu einem tieferen Verständnis der eigenen kreativen Prozesse und kann dazu beitragen, kreatives Potenzial voll auszuschöpfen.

Andreas Lanig: Welche Herausforderungen siehst du in der Bewertung kreativer Arbeiten?

Tilo Staudenrausch: Wir streben danach, das Undenkbare zu erforschen, auch wenn wir nicht immer wissen, wohin uns der Weg führt. In diesem Prozess müssen wir den Mut und die Bereitschaft anzuerkennen, sich auf unbekanntes Terrain zu begeben. Es ist aber auch wichtig anzuerkennen, dass dieser Prozess nicht immer erfolgreich verläuft. Er kann von Enttäuschungen und Kränkungen begleitet sein, die das Risiko bergen, dass der Prozess selbst scheitert. Diese Momente sind Teil des Lernens und der kreativen Entwicklung. Sie erfordern einen sensiblen und reflektierten Umgang, um aus Fehlern zu lernen und zu wachsen.

Christiane ten Hoevel: Nicht nur in den Unternehmen wird ständig bewertet, sondern vor allem in der Lehre. Wie beeinflussen strukturierte Bildungssysteme die Kreativität?

Tilo Staudenrausch: Strukturierte Bildungssysteme wirken in der Regel kreativitätshemmend. Schließlich stammen diese Strukturen aus einer industriellen Ära, die stark auf Vorhersehbarkeit und Konformität ausgerichtet war. Sie konzentrieren sich auf Ergebnisse und feste Lehrpläne, die wenig Raum für individuelle Kreativität lassen. Es geht also zu stark um Effizienz und zu wenig um Effektivität. Um dies zu ändern, sollten Bildungseinrichtungen flexiblere Lehrmethoden einführen, die exploratives und experimentelles Lernen fördern. Beispielsweise kann projektorientiertes Lernen den Lernenden die Möglichkeit geben, ihre eigenen Interessen zu verfolgen und kreativ zu arbeiten. Lehrkräfte sollten als Mentoren fungieren, die den Prozess begleiten, ohne das Ergebnis vorwegzunehmen. Auf diese Weise kann ein Umfeld geschaffen werden, das Kreativität nicht nur zulässt, sondern aktiv fördert.

Unstrukturierte Gespräche, wie zum Beispiel Kneipengespräche, sind oft der Ursprung kreativer Ideen. In einer lockeren Atmosphäre, fernab von formellen Strukturen und Erwartungen, können Gedanken frei fließen. Solche Gespräche bieten einen Raum, in dem man sich traut, auch unkonventionelle oder halbfertige Ideen zu äußern, was in strukturierten Umgebungen nicht der Fall ist.

Andreas Lanig: Und wie kann man die Angst vor Fehlern in kreativen Prozessen überwinden?

Tilo Staudenrausch: Die Angst vor Fehlern ist oft die größte Barriere im kreativen Prozess. Um diese zu überwinden, müssen wir eine Kultur der Akzeptanz und des Lernens aus Fehlern etablieren. Es geht darum, Fehler nicht als Misserfolg, sondern als integralen Bestandteil des kreativen Lernprozesses zu sehen. Dies erfordert einen Perspektivwechsel sowohl in Bildungseinrichtungen als auch in Unternehmen. Durch die Schaffung eines sicheren Raumes, in dem Experimentieren und Risikobereitschaft gefördert werden, kann die Angst vor Fehlern abgebaut werden. Wichtig ist, dass dieser Ansatz von Führungskräften und Lehrenden vorgelebt wird. Sie sollten Mut zu Kreativität und Offenheit für unkonventionelle Lösungswege zeigen. So entsteht eine Atmosphäre, in der Innovation gedeihen kann.

Christiane ten Hoevel: Hast du einen konkreten Vorschlag, wie man gestalterische Fähigkeiten ausbilden kann?

Tilo Staudenrausch: Ich biete immer drei Modi der Annäherung an: das Zeichnen, den Modellbau und die Arbeit mit dem Computer. Die Studierenden sollen alle drei Modi auf das gleiche gestalterische Problem beziehen und Erfahrungen sammeln. Meistens zeigt sich dabei, dass es am einfachsten ist, das Problem durch den Modellbau physisch zu begreifen. Ich vermute, dass das daran liegt, dass Entwerfen an sich ein körperlicher Prozess ist. Hier zeigt sich auch, dass das laterale Denken am Prozess selbst und nicht am Ergebnis interessiert ist. Aus pädagogischer Sicht ist hier das Gefühl der wichtigste Indikator für die Selbstreflexion. Die Herausforderung ist jedoch, den vermeintlichen Leistungszwang (Effizienz statt Effektivität) im pädagogischen Prozess weniger zu gewichten. Auch mit jahrzehntelanger Erfahrung ist das eine der größten Herausforderungen in der Lehre. Es gelingt mir nicht immer, diese Ziele zu erreichen. Dennoch ist es wichtig, sich als Lehrer oder Lehrerin so weit wie möglich zurückzunehmen und so etwas wie Geschmacks- und Stilvorlieben auszublenden. Ein Kriterium, an dem dieser Prozess gemessen werden kann, ist, dass von den Studierenden selbst etwas Neues erlebt und erfahren wird.

Ich möchte mit einem Plädoyer für die Bildung schließen: Da Kreativität die Fähigkeit zur Vernetzung ist, ist sie an Wissen gebunden, denn je mehr Wissen vorhanden ist, desto mehr kann vernetzt werden.

Andreas Lanig: Tilo, vielen Dank für dieses Gespräch!

Ein Gespräch: Zwischen Idee und Werk

In diesem Gespräch trifft Christiane ten Hoevel den Illustrator des Buches, Marcel Franke. Er hat im Fernstudium Grafikdesign studiert und damit einen beruflichen und damit auch einen gedanklichen Wechsel vollzogen. In diesem Gespräch geht es darum, die teilweise abstrakten Konzepte dieses Buches auf einen ganz praktischen Alltag herunterzubrechen. So wollen wir die Konzepte im Gespräch auf ihre Anwendbarkeit prüfen – das haben wir am Beispiel der Titelillustration reflektiert:

Christiane ten Hoevel: Marcel, könntest du uns bitte erklären, welche Bedeutung das Machen für dich hat?

Marcel Franke: Mich kreativ ausleben zu können war mir schon von frühster Kindheit an ein Bedürfnis, dass mit jedem Lebensjahr an Kraft und Bedeutung gewann. Es gibt tagtäglich so viele Impulse durch verschiedenste Ereignisse, dass es für mich schier nicht möglich wäre, sie einfach nur wahrzunehmen, geschweige denn sie unbeachtet an mir vorbeigehen zu lassen.

Christiane ten Hoevel: Du sprichst von täglichen Impulsen. Kannst du das näher erläutern?

Marcel Franke: Sicher. Diese Impulse können aus alltäglichen Begegnungen, Gesprächen oder der Natur stammen. Sie inspirieren mich dazu, meine Ideen in Skizzen oder Notizen festzuhalten, bevor sie im Trubel des Tages verloren gehen. Und auch hier ist das Kreative eben auch ein guter Kompensator und Katalysator gegen den alltäglichen Stress. Ich kann nur jeden Menschen dazu ermutigen, seinem inneren Schaffensdrang auszuleben und die aus den kreativen Ergüssen resultierenden Benefits für sich zu genießen. Ausgelebte Kreativität ist ein Geschenk – nicht nur für den „Machenden" selbst, sondern auch immer für diejenigen die sich an ihr erfreuen.

Christiane ten Hoevel: Wodurch, durch wen hast du am meisten gelernt?

Marcel Franke: Diese Frage kann nur dann allumfassend beantwortet werden, wenn ihre Antwort breitgefächert ausfällt. Die ersten Einflüsse, die mich dazu bewegt haben, kreativ werden zu wollen, waren in der Natur zu finden. Und auch heute noch, ist dies nicht nur ein Ort der Ruhe, sondern auch immer des Lernens. An einem Wandertag etwas in der freien Natur beobachten zu können, es in seinen Abläufen verstehen und es für sich mittels einer Skizze festhalten zu wollen ist immer auch etwas, dass einen für sich selbst vorantreibt und besser werden lässt, indem was man macht.

Neben diesem freien Lernen findet das formale Lernen statt: Das kreative Handwerkszeug, wie es meist so schön genannt wird, habe ich erst spät in meinem bisherigen Leben durch mein Studium wortwörtlich gelehrt bekommen. Nicht nur indem man Zusammenhänge in anderem Licht aufgezeigt bekommen hat, sondern auch, indem man ermutigt wurde an die eigenen Stärken zu glauben und diese auch zu nutzen. Das macht es leichter, seinen Horizont zu erweitern und sich auch an vorher Unbekanntem zu versuchen. Und ich finde auch das eben dieses Zusammenspiel vom selbstständigen, lebenslangen Lernen und auch der Lust auf dieses lernen wollen – als auch die schulische, akademische Sichtweise und Vermittlung von Wissen wichtig und schön ist.

Christiane ten Hoevel: Wie sieht deine gestalterische Arbeit aus? Hast du Strategien?

Marcel Franke: An aller Anfang ist immer die Idee. Sobald diese aufkeimt, versuche ich sie so schnell wie möglich für mich zu fixieren. In meinem Fall ist es fast immer eine Kombination aus kurzen Stichwörtern und Skizzen. Damit habe ich dann sozusagen meinen Marker gesetzt, um zu gegebener Zeit tiefer in die Idee und damit in die Umsetzung zu gelangen. Dies findet bei mir meist zu den Abendstunden statt – dann habe ich die für mich nötige Ruhe und Zeit um aus meinen Notizen und Skizzen am Grafiktablett die illustrativen Arbeiten zu erstellen. Ich mag das Zusammenspiel von klassischer Handarbeit und digitaler Gestaltungsmöglichkeiten.

Christiane ten Hoevel: Was inspiriert dich? Worauf achtest du?

Marcel Franke: Inspiration hole ich mir durch die unterschiedlichsten Dinge – für mich selbst funktionieren Unternehmungen wie Wandern oder Museumsbesuche besonders gut oder die ein oder andere Auszeit bei alten Serien oder Büchern, die einen in andere Welten entführen und so das innere Auge herausfordern. Das sind im Übrigen nicht nur Unternehmungen die mich zu gestalterischen Ideen bringen können, sondern auch gleichermaßen fantastische Möglichkeiten um mich aus etwaigen Kreativ-Tiefs herauszuholen.

Christiane ten Hoevel: Du hast das Cover für unser Buch illustriert. Kannst du uns mehr darüber erzählen, wie dieser Prozess ablief und wie externe und interne Impulse dich dabei beeinflusst haben?

Marcel Franke: Der Prozess der Covergestaltung war besonders interessant. Durch den Dialog mit euch habe ich externe Impulse erhalten, die meine Gedanken angeregt haben. Intern habe ich diese Ideen dann verarbeitet und experimentiert, bis ich etwas gefunden habe, das die Botschaft des Buches klar und gleichzeitig kreativ widerspiegelte. Es war ein Austausch zwischen den Impulsen von außen und meiner eigenen kreativen Verarbeitung dieser Eingaben.

Christiane ten Hoevel: Was brauchst du, um weiter aufzusteigen in deiner Karriere?

Marcel Franke: Meine bisherige Laufbahn hat mich in eine ganz andere Berufswelt gebracht, als es meiner kreativen Seele wohl angedacht gewesen wäre. Aus diesem Grund hatte ich mich, wenn auch erst spät, dazu entschlossen noch einmal etwas Kreatives zu studieren. Der Prozess des Studierens, diese Kette von herausfordernden Aufgaben und Projekten, die man bewältigt, stärkt schrittweise das Selbstvertrauen, das das der richtige Weg ist für mich. Dazu kommt die Community im Studium, der Austausch mit anderen, der ungemein unterstützend für den eigenen Weg ist. Und der mit dem erfolgreichen Studium erzielte Abschluss soll es dann sein, der mich vielleicht noch einmal in eine Richtung trägt, die mich zu meiner kreativen Natur zurückführt und mich dann in diesen beruflichen Erfahrungen weiterwachsen lässt.

Christiane ten Hoevel: Vielen Dank für das schöne Gespräch, Marcel!

Konkret und fertig werden

Das erwartet dich in diesem Kapitel:

- Entdecke die Unterschiede zwischen beauftragten Designprojekten und eigenen Kunstprojekten.
- Tauche ein in die Welt des Selbst- und Projektmanagements und lerne effektive Methoden, die dir dabei helfen, deine Projekte erfolgreich zu steuern.
- Erhalte einen umfassenden Einblick in kollaborative Arbeitsformate und Zusammenhänge.
- Entwickle dabei deine eigene kreative Persönlichkeit weiter und forme eine unabhängige, starke Haltung zu deinem künstlerischen Schaffen.

Spannungsfeld Disziplin und Freiheit

Der entscheidende Unterschied zwischen freier künstlerischer und angewandter gestalterischer Projektarbeit liegt in der Art und Weise, wie Kreativität behandelt wird. In der freien Kunst ist Kreativität wie ein scheues Reh, das Freiheit und einen strukturierten Raum benötigt, um sich zu entfalten. Diese Art der Arbeit wird oft als chaotisch wahrgenommen, was jedoch eine Fehlinterpretation ist. Tatsächlich erfordert die scheinbare Unordnung des künstlerischen Prozesses ein hohes Maß an Selbstorganisation und strukturiertem Vorgehen als Gegengewicht.

Ein wesentlicher Unterschied zwischen selbstinitiierten künstlerischen Projekten und extern beauftragten Designprojekten liegt in der Eigeninitiative. Diese Selbstbeauftragung bringt eine besondere Verantwortung mit sich, die eine kontinuierliche Reflexion und Bewertung des gesamten kreativen Prozesses, von der anfänglichen Idee bis zur Umsetzung, erfordert. In diesem Kontext wird der Künstler oder Designer nicht nur die Sinnhaftigkeit des Arbeitsprozesses hinterfragen, sondern auch die Grundlage der ursprünglichen Idee sowie die eigene Wahrnehmung und Motivation.

Dazu kommt, dass die kreative Phase die am wenigsten planbare ist. In diesem prozessorientierten Abschnitt eines Projektes kann die nächste Entscheidung, der nächste gestalterische Schritt eine Richtungsänderung für das gesamte Projekt bedeuten. Aufgrund des Wissens um den Verlauf frei künstlerischer Projekte wird das Projektziel in der Regel nur unscharf umrissen oder so offen formuliert, dass eine gewisse Bandbreite an Resultaten als erreichtes Ziel gilt. Da der Prozess also wesentlich offener ist, lässt sich die abschließende gestalterische Formfindung auch nicht als Produkt bezeichnen, sondern ist das Resultat eines Prozesses. Obwohl bei dieser prozessorientierten Sichtweise keine Absicht im Vordergrund steht, ein Produkt zu erstellen, führt jedes kreative Arbeiten zu einem Resultat. Somit kann man bei künstlerisch motivierten Vorgehensweisen im Rahmen von Projekten von Lösungsorientierung sprechen.

Merke: Der Kern der Unterschiede zwischen freier künstlerischer und angewandter gestalterischer Projektarbeit ist die prozessorientierte Herangehensweise: Kreativität in der freien Kunst verlangt Freiheit und strukturierte Räume für Entfaltung, während selbstinitiierte Projekte kontinuierliche Reflexion und Bewertung des gesamten kreativen Prozesses erfordern, wobei die kreative Phase selbst von Offenheit und Unvorhersehbarkeit geprägt ist.

Wenn wir uns nun auf die kreativen Arbeitsphasen konzentrieren, erkennen wir, dass viele Schritte und Arbeitsschritte denen eines Designprozesses ähneln können. In freien künstlerischen Projekten unterscheidet sich jedoch die Wertigkeit und Betonung der Arbeitsschritte aufgrund der oben beschriebenen, selbst motivierten Grundhaltung. Die in diesem Kapitel aufgeführten Phasen eines Designprozesses können dir als Orientierung dienen.

Künstlerisches Projektmanagement – konkrete Arbeitshilfen

Im folgenden Kapitel wirst du deine methodischen Kenntnisse nicht nur vertiefen, sondern auch kritisch reflektieren. Diese Auseinandersetzung hilft dir, ein tieferes Verständnis für die angewandten Methoden zu entwickeln. Ein zentraler Bestandteil deines Lernprozesses wird das Verfassen eines Projektberichts sein, durch den du deine Wahrnehmungen und Erfahrungen verbalisierst. Dieser Ansatz ermöglicht es dir, deine eigenen Gedanken und Entscheidungen im Projekt bewusster zu erleben und zu verstehen. Zudem dient der Projektbericht als eine Art Lerntagebuch, welches dir die Möglichkeit gibt, eine distanzierte Selbstbeobachtung vorzunehmen. Dadurch kannst du deine Entwicklung und Lernfortschritte objektiv betrachten und daraus wertvolle Einsichten gewinnen.

Einleitung und Zielsetzung des künstlerischen Projektmanagements

Der Begriff „Projekt" hat sich im Design und im künstlerischen Kontext fest etabliert. Während man früher eher von „Auftrag" sprach, bezeichnet man heute jede Aufgabe als „Projekt". Doch was bedeutet das genau? Ein Projekt ist ein zeitlich und finanziell begrenztes Vorhaben mit einem klaren Ziel. Es hat einen definierten Anfang und ein definiertes Ende und ist oft interdisziplinär aufgebaut (Kerzner 2017, 52). Die Komplexität von Designprojekten macht es notwendig, dass der Gestalter die vielfältigen medientechnischen, kulturellen, ökonomischen und ethischen Zusammenhänge seiner Arbeit erkennt und berücksichtigt (Best 2015, 89).

Im Selbststudium liegt der Schwerpunkt auf der Entwicklung von Metakompetenzen im künstlerischen Projektmanagement. Du lernst, durch eine optimierte Projektorganisation Erkenntnisse über die eigene Arbeitsweise zu gewinnen, den arbeitsteiligen Designprozess zu verstehen und die unterschiedlichen Arbeitskriterien der Projektbeteiligten zu erkennen (Lock 2014, 30).

Besonders wichtig ist das Entwerfen im Gesamtkontext des Projekts. Du lernst, wie du die Qualität deines Entwurfs von der ersten Skizze bis zur Produktion und Distribution hochhalten kannst, indem du methodisch vorgehst und Einschränkungen in nachgelagerten Prozessen minimierst (Phillips, 2014, 115). Dein selbst gewähltes Projekt dient als Experimentierfeld, um individuelle Methoden zu entwickeln und die Qualität deiner Entwürfe in komplexen Zusammenhängen zu verbessern. Selbstreflexion ist dabei entscheidend – das primäre Ziel ist die schrittweise Aneignung von Methodenkompetenz in Projekten (Schön, 1983, 61).

Steuerungsmethoden von Gestaltungsprozessen

In Medien- und Designprojekten, die du vielleicht aus eigener Erfahrung kennst, ist die Koordination von Projektschritten unverzichtbar. Dies umfasst Aspekte wie dein Selbstmanagement und Zeitmanagement, die besonders in kleineren Teams, wie sie oft in Designstudios anzutreffen sind, entscheidend sind. Stelle dir vor, du arbeitest an einem Kommunikationsdesign orientierten Projekt: Hier ist es wichtig, dass du deine Fähigkeiten realistisch einschätzt und die Talente deines Teams effektiv nutzt.

Denk an die Gruppendynamik und die Entwicklung individueller Potenziale. Wie bereits ausgeführt, nutzt du Projektmanagement-Techniken, um kreative und logistische Ziele zu erreichen. Eine klare Kommunikation ist dabei essentiell. Denke an die Besprechungen und Diskussionen, die wir thematisiert haben.

Abschließend, im Kontext des Medienmanagements, ist es sinnvoll, die wirtschaftliche und ethische Rolle deiner Arbeit als Designer oder Medienproduzent zu betrachten. Wie verhalten sich deine Designentscheidungen im größeren Kontext der Medienlandschaft und Gesellschaft? Diese Überlegungen sind integraler Bestandteil deiner Arbeit.

Selbst- und Zeitmanagement

Selbstmanagement bezeichnet ein Spektrum an Kompetenzen, die auf die eigenständige Gestaltung der persönlichen und beruflichen Entwicklung abzielen. Für Designer umfasst es zusätzlich die Facette der künstlerischen Entwicklung. Zu den Kernkompetenzen zählen selbstständige Motivation, Zielsetzung, Planung und Zeitmanagement, Organisation, Lernfähigkeit und Erfolgskontrolle (Seiwert 2020, 45-48). Drei relevante Wissenschaftsdisziplinen für dieses Feld sind die kybernetische Systemtheorie, Psychologie und Managementwissenschaft. Besonders die kybernetische Systemtheorie, die das Verhalten selbstregulierender Systeme erklärt sowie psychologische Konzepte der Selbstregulierung bieten wertvolle Einblicke und Anregungen für die künstlerische Entwicklung (Baecker 2019, 102-105). Hierbei wird das Individuum als Teil eines interaktiven Regelkreises unterschiedlicher Einflüsse betrachtet, wobei Niklas Luhmann als bedeutender Systemtheoretiker erwähnt wird (Luhmann 2017, 58-60). Luhmann versteht Individuen als selbstreferentielle Systeme, die in ständiger Interaktion mit ihrer Umwelt stehen (Luhmann 1984, 28-31). Diese Interaktionen werden durch Kommunikation strukturiert, die als zentrales Medium der Selbstorganisation und Selbststeuerung fungiert. Selbstmanagement kann aus dieser Perspektive als reflexive Kommunikation verstanden werden, in der das Individuum seine eigenen Handlungen und Ziele beobachtet, bewertet und steuert. Die Systemtheorie Luhmanns verdeutlicht die Komplexität dieser Prozesse und die Herausforderungen, die mit der Gestaltung eines erfolgreichen Selbstmanagements verbunden sind.

Die Systemtheorie Luhmanns bietet Designerinnen und Designern mehrere Ansatzpunkte zur Reflexion und Weiterentwicklung ihrer Selbstmanagementkompetenzen:

- Designerinnen und Künstler können ihre Beobachtungsposition im Kontext ihrer Umwelt reflektieren. Sie können die kommunikativen Prozesse analysieren, die ihre Selbstorganisation beeinflussen. Sie erkennen, wie ihr Umfeld ihre Entscheidungen und Handlungen beeinflusst.
- Designerinnen und Designer können sich selbst als selbstreferenzielles System verstehen. Sie erkennen die Bedeutung von Selbstbeobachtung und Selbststeuerung für ihre künstlerische Entwicklung. Diese Erkenntnis hilft ihnen, die eigenen Stärken und Schwächen besser zu verstehen und gezielt zu verbessern.
- Gestalterinnen und Gestalter können die verschiedenen Subsysteme ihrer Persönlichkeit und ihrer Lebenswelt (z.B. Familie, Beruf, Freizeit) und die Wechselwirkungen zwischen diesen Subsystemen analysieren. Dadurch erkennen sie, wie verschiedene Lebensbereiche miteinander verbunden sind und wie sie sich gegenseitig beeinflussen.
- Sie können Kommunikationsmuster erkennen, die ihre Selbstorganisation und Selbststeuerung fördern oder behindern. Sie lernen, welche Kommunikationsformen für sie am effektivsten sind und wie sie diese gezielt einsetzen können.
- Die Luhmannsche Systemtheorie kann Designern helfen, ihre eigenen Selbststeuerungsprozesse besser zu verstehen und zu optimieren. Sie können lernen, ihre Ziele effektiver zu erreichen, ihre Ressourcen effizienter zu nutzen und ihre Kreativität besser zu entfalten.

In der Welt des Selbstmanagements, speziell im Kontext von Führungs- und Fachkräften sowie selbstorganisierten Arbeitsgruppen, wie sie häufig in interdisziplinären Medienprojekten vorkommen, hat Stephen Covey (2005) vier Generationen des Zeitmanagements identifiziert:

- Erste Generation: Hier lag der Fokus auf Zeitmanagement mit Werkzeugen wie Zeitplänen, Checklisten und Kalendern, um Arbeitsabläufe und Produktivität zu optimieren.
- Zweite Generation: Diese Phase konzentrierte sich auf die sinnvolle Planung und Vorbereitung von Aufgaben und Projekten, wobei das Setzen von Prioritäten und das Erkennen des Wesentlichen im Mittelpunkt standen.

- Dritte Generation: Hier rückte die persönliche Verantwortung in den Vordergrund, insbesondere das Gleichgewicht zwischen persönlichen Werten und Zielen sowie der eigentlichen Arbeit.
- Vierte Generation: Die aktuelle Perspektive fokussiert auf die Verbesserung der Lebensqualität. Dies ist besonders relevant für künstlerische Projekte, bei denen es oft um mehr als nur um das Erledigen von Aufgaben geht.

Stell dir vor, du arbeitest an einem Designprojekt. In der ersten Generation würdest du einen genauen Zeitplan erstellen, in der zweiten Generation würdest du Prioritäten setzen und die wichtigen Aspekte des Projekts fokussieren, in der dritten Generation würdest du reflektieren, wie dieses Projekt zu deinen persönlichen Zielen passt, und in der vierten Generation würdest du überlegen, wie dieses Projekt deine Lebensqualität und künstlerische Zufriedenheit steigert.

Merke: Selbstmanagement in der kreativen Arbeit bedeutet, die eigene persönliche und berufliche Entwicklung aktiv zu gestalten, indem man sich auf künstlerische und organisatorische Fähigkeiten konzentriert. Zeitmanagement hingegen ist das effektive Planen und Priorisieren von Aufgaben, um nicht nur die Produktivität zu steigern, sondern auch ein Gleichgewicht zwischen Arbeit und persönlichen Werten zu finden, was besonders im künstlerischen Kontext die Lebensqualität erhöht.

Um deine Selbstmanagement- und Zeitmanagementfähigkeiten zu verbessern, insbesondere in Designprojekten, kannst du folgende Empfehlungen aus der dritten und vierten Generation des Zeitmanagements umsetzen:

- Priorisiere stets deine beruflichen und persönlichen Ziele und halte diese Liste aktuell. Unterscheide dabei zwischen lang- und kurzfristigen Prioritäten.
- Teile deinen Arbeitstag so ein, dass Aufgaben nach ihrer Dringlichkeit und Wichtigkeit sortiert werden.
- Delegiere Aufgaben, wenn möglich, an diejenigen, die dafür am besten geeignet sind.

- Folge dem „Einmal sehen"-Prinzip, sodass Aufgaben nicht erneut auf deinen Schreibtisch gelangen.
- Sei zurückhaltend mit der Einberufung von Sitzungen. Nutze sie nur, wenn andere Kommunikationsmittel nicht ausreichen und bereite sie gut vor.
- Informiere die Teilnehmer zu Beginn einer Besprechung über das Ziel und die vorgesehene Zeitdauer.
- Überprüfe am Ende jedes Tages, ob geplante Aufgaben erledigt wurden und plane den nächsten Tag vor.

Zusammenfassend lässt sich sagen, dass diese Techniken dir helfen, deine Projekte effizienter zu managen und gleichzeitig deine künstlerische und berufliche Entwicklung zu fördern.

Um Selbstmanagement auf die Verbesserung der Lebensqualität zu beziehen, insbesondere in Bezug auf persönliche und berufliche Beziehungen, kannst du folgende Techniken anwenden:

- Erhalte deine physische Leistungsfähigkeit und mentale Energie, da beide entscheidend für deine Arbeitsqualität als Grafikdesigner sind.
- Pflege befriedigende Beziehungen zu Kollegen, indem du eine gemeinsame Basis für die Bewältigung von Herausforderungen schaffst.
- Fördere dein persönliches Wachstum durch kontinuierliches Lernen und die Weiterentwicklung deiner Fähigkeiten.
- Setze inspirierende Ziele, die sowohl dich als auch dein Umfeld motivieren und möglicherweise einen tieferen Sinn stiften.

Indem du diese Ansätze umsetzt, förderst du eine selbstregulierende und verantwortungsbewusste Arbeitskultur in deinem Team und trägst zu einem positiven, produktiven Arbeitsumfeld bei.

Merke: Mit einem gelungenen Selbstmanagement befähigst du dich dazu, eigenständig sinnvolle und echte Ziele zu definieren, diese durch gezielte Planung und strategisches Handeln zu erreichen und den Fortschritt sowie die Resultate kontinuierlich zu überwachen und zu steuern, um eine effiziente Lernkultur und gemeinschaftliche Effizienz zu entwickeln.

Die Diskussion über Zeitmanagement im Kontext künstlerischer Tätigkeiten offenbart ein wesentliches Spannungsfeld: Techniken und Regeln des Zeitmanagements scheinen zunächst rein funktional und technisch ausgerichtet, doch sie berühren unmittelbar die Bedeutung, Motivation und Intention des kreativen Schaffens. Einerseits strebt der Gestalter nach Neuem und Interessantem, was oft zu einem unstrukturierten Arbeiten führt und trotz intensiver Arbeit ein Gefühl der Unzufriedenheit hinterlässt. Andererseits fordert ein effektives Zeitmanagement die Festlegung von Zielen und eine systematische Planung, die über ein bloßes Reagieren hinausgeht.

Diese Gegensätzlichkeit zwischen dem Wunsch nach kreativer Freiheit und der Notwendigkeit strukturierter Arbeitsabläufe erfordert ein ausgewogenes Management der eigenen Ressourcen. Das Festlegen von Zielen und das bewusste Einteilen von Arbeits- und Pausenzeiten sind nicht nur technische Mittel zur Effizienzsteigerung, sondern dienen auch dazu, die kreative Energie und Motivation langfristig zu erhalten und frustrierende Erfahrungen zu vermeiden. So wird deutlich, dass Techniken des Zeitmanagements in der künstlerischen Arbeit weit mehr sind als bloße Werkzeuge; sie sind integraler Bestandteil eines bewussten und zielorientierten kreativen Prozesses.

Merke: Mit einem gelungenen Selbstmanagement befähigst du dich, künstlerische Nachtschichten in produktive und gesunde Arbeitsrhythmen zu verwandeln. Stelle dir vor, du hast mehrere Abende hintereinander intensiv gearbeitet oder an Abendveranstaltungen teilgenommen. Es ist entscheidend, am vierten Abend bewusst kürzer zu treten. Dein Unterbewusstsein, die Quelle deiner kreativen Energie, benötigt gezielte Phasen der Erholung und Selbstbelohnung, wie beispielsweise einen halben Tag Auszeit. Diese Herangehensweise ist nicht nur für dich selbst, sondern auch für Arbeitsgruppen, die du leitest, essentiell und wichtig für eine nachhaltige Kreativität und Gesundheit.

Gehirngerechtes Zeitmanagement

Wie können wir unseren Tag und unsere Woche so planen, dass sie der Arbeitsweise unseres Gehirns entspricht und die kreative Leistungsfähigkeit fördert? Diese Frage beleuchten wir, indem wir uns auf die Erkenntnisse von Michael Nehls in seinem Buch „Das erschöpfte Gehirn" (Nehls 2022) stützen, das uns tiefe Einblicke in die Arbeitsweise unseres Gehirns gewährt.

Indem du diese Prinzipien in deinen Alltag integrierst, nutzt du die natürlichen Zyklen deines Körpers und deines Gehirns. Dies führt zu einem gehirngerechten Zeitmanagement, das deine Kreativität und geistige Leistungsfähigkeit nachhaltig unterstützt. Berücksichtige dabei, dass dein Gehirn in einem 24-Stunden-Zyklus arbeitet, den du durch Schlaf und Ernährung unterstützt, und in einem Wochenrhythmus, in dem Arbeit und Erholung im Einklang stehen sollten.

- **Tagesgestaltung**: Zyklisches Nutzen von Denksystemen – dein Tag sollte in Einklang mit den zwei Denksystemen deines Gehirns gestaltet sein. Das schnelle Denken (System 1) ist dein mentaler Autopilot für alltägliche, routinemäßige Aufgaben. Nutze es für Aufgaben wie E-Mails beantworten oder organisatorische Dinge. Dein langsames Denken (System 2), das für bewusste und kreative Entscheidungen zuständig ist, ist am Morgen am leistungsfähigsten. Nutze diese Zeit für deine kreativen Herausforderungen, wie das Entwerfen neuer Konzepte oder das Durchdenken komplexer Projekte.
- **Wöchentliche Planung:** Ausgleich zwischen Arbeit und Erholung – deine Arbeitswoche sollte ein Gleichgewicht zwischen intensiver kreativer Arbeit und ausreichender Erholung bieten. Plane bewusst Tage oder Zeitfenster ein, in denen du dich gezielt entspannst oder anderen Aktivitäten nachgehst, die dir Freude bereiten und dich mental regenerieren lassen. Dies hilft dir, Überbeanspruchung zu vermeiden und deine Kreativität langfristig zu erhalten.

So kannst du ein Leben führen, das nicht nur deiner kreativen Arbeit, sondern auch deiner mentalen Gesundheit zugutekommt. Des Weiteren gibt es vier große Themen, die für Gestalterinnen und Gestalter relevant sind, um einen gehirngerechten Tagesablauf zu planen:

- **Ernährung für das Gehirn:** Wie Nehls betont (Nehls 2022, 201-254), spielt Ernährung eine wichtige Rolle für die Gesundheit deines Gehirns. Vitamin D und Omega-3-Fettsäuren sind hier besonders wichtig. Dies unterstützt das Wachstum und die Funktionsfähigkeit deines Gehirns, was wiederum deine kreative Leistung positiv beeinflusst.
- **Schlaf und Regeneration:** Dein Gehirn braucht ausreichend Schlaf für Regeneration und Leistungsfähigkeit (Nehls 2022, 183-199). Achte darauf, dass du regelmäßig sieben bis neun Stunden Schlaf bekommst. Dies hilft, das Stresshormon Cortisol zu reduzieren und

unterstützt die Neurogenese, also das Wachstum neuer Neuronen, was für kreatives Denken unerlässlich ist.

- **Bewegung und soziale Interaktion:** Regelmäßige körperliche Aktivität und positive soziale Interaktionen sind entscheidend für ein gesundes Gehirn. Bewegung fördert nicht nur den Stressabbau, sondern regt auch die Neurogenese an (Nehls 2022, 159-181). Soziale Interaktionen erhöhen den Oxytocin-Spiegel, was zu einem besseren Wohlbefinden und damit zu erhöhter Kreativität beitragen kann.
- **Sinn des Lebens und Kreativität:** Es klang schon mehrfach an: Finde deine persönliche Lebensaufgabe. Nehls unterstreicht, dass neue Erfahrungen und das Erleben starker Emotionen essentiell für die Bildung neuer neuronaler Verbindungen sind (Nehls 2022, 136-156). Dies ist besonders für kreative Berufe relevant, da regelmäßig neue Eindrücke und Herausforderungen das Gehirn stimulieren und zu kreativem Wachstum beitragen.

Von der Notwendigkeit eines gehirngerechten Zeitmanagements gelangen wir nahtlos zur Bedeutung klar definierter Ziele. Während systematische Planung und bewusste Strukturierung unsere geistige und kreative Kapazität unterstützen, sind es die Ziele, die Richtung und Sinn in unser Schaffen bringen. Ziele sind wie Leuchttürme im Meer der Kreativität – sie geben Orientierung und helfen uns, unsere Energie und Ressourcen effektiv zu kanalisieren. Indem wir unsere Pläne und Motivationen stets im Auge behalten, schaffen wir nicht nur eine solide Basis für unser tägliches Schaffen, sondern auch einen Rahmen, in dem unsere Kreativität und unser Geist gedeihen können.

Die Bedeutung von Zielen

Integriere das SMART-Ziele-Konzept in deinen künstlerischen Prozess und in deine Design-Projekte, um deine Ziele effektiver zu gestalten. SMART steht für spezifisch, messbar, attraktiv, realistisch und terminiert (Kogon, Blakemore, Wood 2015, 25f):

Setze anspruchsvolle, aber erreichbare Ziele. Unterscheide zwischen lang- und kurzfristigen Zielen. Zum Beispiel: Quartalsziel könnte sein, bis Mai einen Neukunden im Kulturbereich für Erscheinungsbilder zu gewinnen. Ein Nahziel könnte sein, heute um 15 Uhr Druckdaten zu senden und danach mit dem Hund spazieren zu gehen.

Formuliere Ziele immer mit Fristen, um ihre Überprüfbarkeit und Belohnung zu sichern. Anstatt vage zu bleiben und definiere klare Zeitangaben und Inhalte. Zum Beispiel, anstatt „heute mache ich Fortschritte beim Introtext", spezifiziere: „Der 450 Zeichen lange Introtext zum Thema Zufriedenheit wird heute vor der Frühstückspause fertiggestellt."

Unterteile deine Ziele in kleinere Schritte, um Fortschritte zu überwachen und dich bei einem Erfolg zu belohnen. Dieser Ansatz hilft auch dabei, persönliche Hindernisse und Stärken bei künstlerischen Arbeiten zu identifizieren und zu reflektieren. Als Beispiel für effektives Selbst- und Zeitmanagement: Es ist am Morgen nicht ratsam, sich sofort in E-Mails oder Instagram zu vertiefen, auf den lautstärksten Kunden zu reagieren oder sich von spontan spannenden Aufgaben ablenken zu lassen. Stattdessen ist es sinnvoller, deine Ziele schriftlich zu formulieren und in einen Zeitplan zu integrieren. Dies dient nicht bloß der Formalisierung deiner Arbeit, sondern aktiviert den psychologischen Mechanismus der Selbstbelohnung: Jede erledigte Teilaufgabe liefert dir ein positives Feedback und hält dich auf Kurs.

Aufgabenplanung

Die Eisenhower-Methode (Covey 2005) ist ein effektives Werkzeug für das Zeit- und Aufgabenmanagement, auch für kreative Berufe wie Design und Kunst. Sie teilt Aufgaben in vier Kategorien:

- **Wichtig und dringend (Feld A):** Hier geht es um Aufgaben, die sofortige Aufmerksamkeit erfordern und gleichzeitig von hoher Bedeutung sind. In einem Designprojekt könnten das kurzfristige Deadlines für Kundenprojekte oder die Behebung dringender technischer Probleme sein.
- **Wichtig, aber nicht dringend (Feld B):** Diese Kategorie beinhaltet Aufgaben, die wichtig für den langfristigen Erfolg und die Entwicklung sind, aber keinen sofortigen Zeitdruck haben. Beispiele sind die Entwicklung neuer Designkonzepte, das Erlernen neuer Techniken oder die Planung zukünftiger Projekte.
- **Unwichtig, aber dringend (Feld C):** Hier finden sich Aufgaben, die zwar zeitlich dringlich, aber für die langfristigen Ziele weniger relevant sind. In einem Kunst- oder Designkontext könnten das administrative Aufgaben sein, wie das Beantworten von E-Mails oder die Organisation von Materialien, die delegiert oder effizient erledigt werden sollten.

- **Unwichtig und nicht dringend (Feld D):** Diese Kategorie umfasst Aufgaben, die weder wichtig noch dringend sind und daher vermieden oder eliminiert werden sollten. Das könnte beispielsweise das ständige Überprüfen von Social Media oder andere Ablenkungen sein, die keine direkte Relevanz für die Arbeit haben.

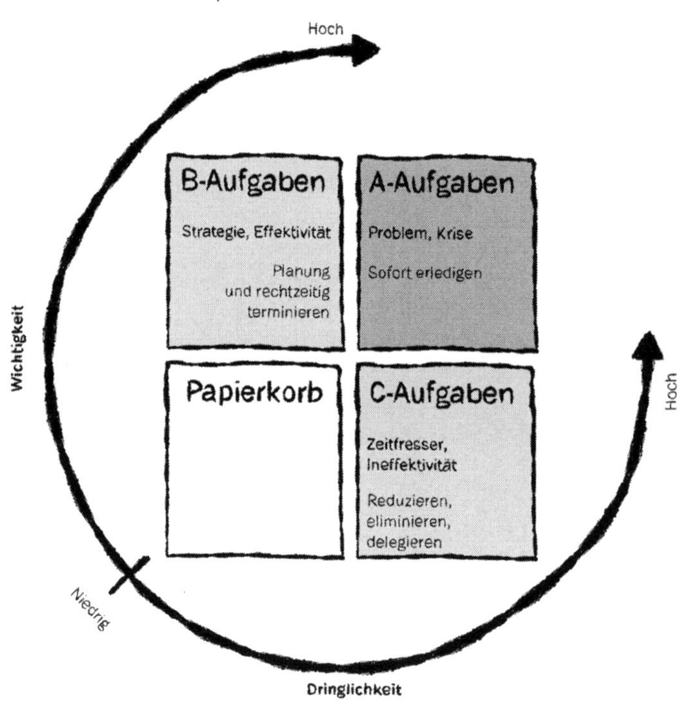

Abbildung 8: Eisenhower-Prinzip. (Eigene Darstellung in Anlehnung an das Eisenhower-Prinzip.)

Die Kunst liegt darin, die Balance zu finden und sich auf die wichtigen, kreativen Aspekte deiner Arbeit zu konzentrieren, während du gleichzeitig effektiv mit dringenden, aber weniger wichtigen Aufgaben umgehst. Dadurch kannst du deine kreative Energie maximieren und gleichzeitig das Gefühl der Überwältigung durch zu viele Aufgaben vermeiden.

Exkurs: Designmanagement

Der Exkurs zum Thema Designmanagement beleuchtet zwei wesentliche Interpretationen des Konzepts, die entscheidend für das Verständnis seiner gesellschaftlichen und wirtschaftlichen Bedeutung sind. Zum einen das *Management von Design*, welches sich auf die effiziente Organisation und Handhabung von Designprozessen in Unternehmen konzentriert. Diese traditionelle Sichtweise fokussiert darauf, wie Design als operativer Prozess zur Erreichung von Geschäftszielen beiträgt. Zum anderen gibt es das *Design von Management*, das den Einsatz von Design als methodischen Ansatz in der Geschäftspraxis, bekannt als „Design Thinking", umfasst. Dieser moderne Ansatz integriert kreative und innovative Denkmethoden in die Managementpraxis, um komplexe Probleme auf neue Weise zu lösen. Beide Perspektiven unterstreichen die Wichtigkeit von Design in der Wirtschaft und zeigen auf, wie Design die Produkt- und Dienstleistungsgestaltung sowie die Unternehmensführung und -organisation revolutioniert. Design wird dadurch zu einem Schlüsselelement für die Wettbewerbsfähigkeit und das Wachstum von Unternehmen und Volkswirtschaften.

Das Verständnis von Designmanagement als Synthese aus Design, Organisation und Markt unterstreicht die Vielschichtigkeit und Bedeutung des Designs in der modernen Wirtschaft. Es verbindet schöpferische Leistung, Wettbewerbsstrategie und Beitrag zur Lebensqualität. Diese drei Aspekte verdeutlichen, dass Design weit mehr ist als eine formale Beschäftigung:

- **Schöpferische Leistung:** Hier geht es um die kreative und innovative Seite des Designs, die neue Ideen und Lösungen hervorbringt.
- **Wettbewerbsstrategie:** Design dient als Differenzierungsmerkmal im Markt, um sich von Konkurrenten abzuheben und eine einzigartige Marktposition zu schaffen.
- **Beitrag zur Lebensqualität:** Design verbessert nicht nur die Funktionalität und Ästhetik von Produkten und Dienstleistungen, sondern auch das allgemeine Wohlbefinden und die Lebensqualität der Nutzer.

Ein praktisches Beispiel hierfür ist das Re-Design einer Zeitung im Kommunikationsdesign. Der Gestalter (schöpferische Leistung), das Verlagshaus (Wettbewerbsstrategie) und der Leser (Beitrag zur Lebensqualität) sind alle in den Designprozess involviert. Dieses Zusammenspiel betont, wie Design als integrativer Prozess funktioniert, der verschiedene Interessen und

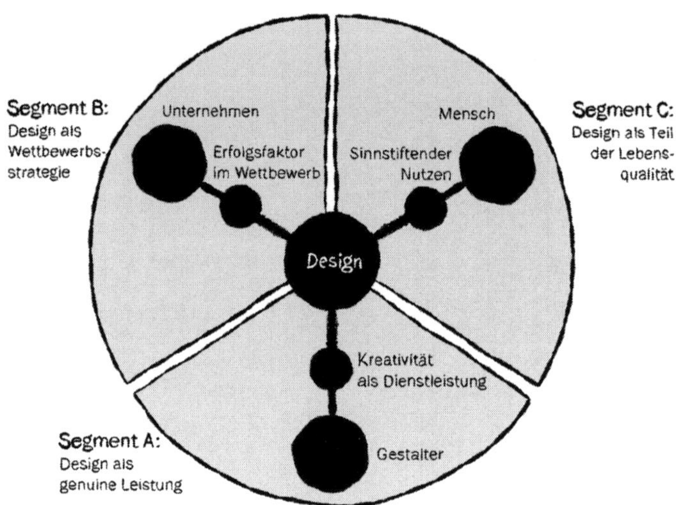

Abbildung 9: Perspektiven der Designbetrachtung

Perspektiven miteinander vereint, um innovative und wettbewerbsfähige Lösungen zu schaffen, die sowohl den Markt als auch die Gesellschaft positiv beeinflussen.

In unserer Geschichte rund um das Re-Design der regionalen Zeitung lassen sich die drei Sphären des Designmanagements, wie in der obigen Abbildung dargestellt, deutlich erkennen:

- Schöpferische Leistung (A): Herr Müller repräsentiert diese Sphäre durch seine kreative und handwerkliche Herangehensweise an das Design. Seine Aufgabe ist es, ein originelles und ästhetisch ansprechendes Layout zu entwickeln, das die Inhalte der Zeitung effektiv vermittelt.
- Wettbewerbsstrategie (B): Frau Schmidt verkörpert diese Sphäre. Ihr Fokus liegt auf der kommerziellen Seite des Designs. Sie strebt danach, das Re-Design zu nutzen, um die Zeitung im Markt zu differenzieren, die Auflage zu steigern und mehr Anzeigenkunden zu gewinnen.
- Beitrag zur Lebensqualität (C): Herr Bauer, der Leser, steht für diese Sphäre. Seine Interaktion mit dem Design ist durch persönliche Wahrnehmung und Erfahrung geprägt. Ein erfolgreiches Design muss für ihn übersichtlich, benutzerfreundlich und ansprechend sein, um seine Lebensqualität zu verbessern.

In dieser Geschichte wird deutlich, wie das Designmanagement die Balance zwischen diesen drei Sphären herstellt, um ein harmonisches und effektives Endprodukt zu erzielen.

Merke: Im Kern des Designmanagements liegt die Aufgabe, kreative Schaffenskraft, marktstrategisches Denken und einen Mehrwert für die Lebensqualität zu verbinden. Für Designerinnen, Designer, Künstlerinnen und Künstler bedeutet dies, täglich ein Gleichgewicht zwischen diesen drei Sphären zu finden, um Werke zu schaffen, die sowohl ästhetisch ansprechend als auch wirtschaftlich und gesellschaftlich relevant sind. Diese Balance ist entscheidend für den Erfolg im Designprozess und reflektiert das Streben nach einem umfassenden, gut strukturierten und wirkungsvollen Endprodukt.

In den künstlerischen und gestalterischen Berufsbildern spielt die kreative Doppelkompetenz eine zentrale Rolle; diese Disziplinen vereinen gestalterische Professionalität mit unternehmerischer Qualifikation, um innovative und wirtschaftlich tragfähige Lösungen zu schaffen. Das betrifft unter anderem folgende Berufsfelder:

- **Produktdesigner**: Sie konzentrieren sich auf Ästhetik, Semiotik und Ergonomie, um die spezifische Qualität eines Produkts zu unterstreichen.
- **Branddesignerinnen**: Sie entwickeln Markenerlebnisse und Kundenbeziehungen durch Design, oft eng verknüpft mit der Organisationsstruktur des Unternehmens, um eine konsistente Markenidentität zu gewährleisten.
- **Servicedesigner**: Im Dienstleistungssektor gestalten sie die Art und Weise, wie Dienstleistungen präsentiert und vermarktet werden, unter Berücksichtigung ihrer Immaterialität, Heterogenität und Vergänglichkeit.
- **Künstlerinnen** im Bereich Kunst im öffentlichen Raum/Kunst am Bau: Sie schaffen Kunstwerke, die in öffentlichen Räumen oder als Teil von Bauvorhaben konzipiert sind, wobei sie sowohl künstlerische Vision als auch Kenntnisse über öffentliche Räume und Bauvorschriften kombinieren.
- Fachkräfte für **kulturelle Bildung und kulturelle Beratung**: Sie vermitteln künstlerische Inhalte und Methoden in Bildungseinrichtungen oder Beratungssettings, wobei sie pädagogische Fähigkeiten mit einem künstlerischen Verständnis verknüpfen.

- **Künstlerische Grafiker:** Sie arbeiten an der Schnittstelle von Kunst und Grafikdesign, indem sie künstlerische Techniken und Konzepte in grafische Arbeiten integrieren, die sowohl ästhetisch ansprechend als auch kommunikativ effektiv sind.

Die kreative Doppelkompetenz von Kunst und Design

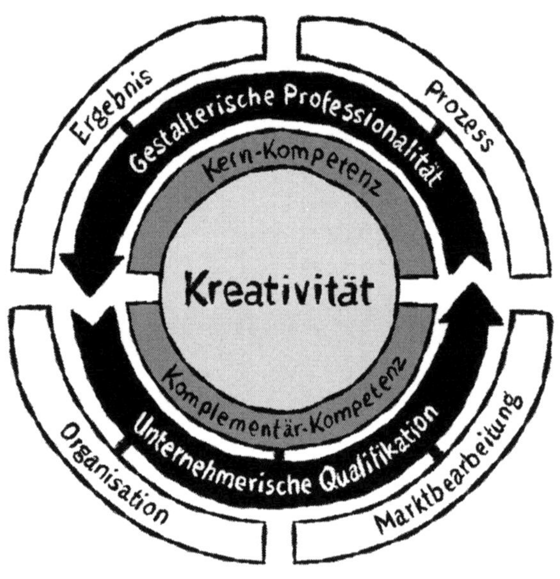

Abbildung 10: Die kreative Doppelkompetenz. (Eigene Darstellung in Anlehnung an Kern: Designmanagement – die Kompetenzen der Kreativen, Seite 52, Abbildung 7, Hildesheim, 2005.)

Das Schaubild verdeutlicht die Bedeutung der kreativen Doppelkompetenz, die für Gestaltende und Künstler und Künstlerinnen in der heutigen Arbeitswelt unerlässlich ist. Die zentrale Stellung der Kreativität wird durch die Verbindung von gestalterischer Professionalität und unternehmerischer Qualifikation gestärkt. Diese beiden Aspekte sind als komplementäre Fähigkeiten dargestellt, die zusammen das Fundament für den Erfolg im Beruf bilden.

Wir betonen, dass die schöpferische Leistung – die Kernkompetenz – erst durch die Fähigkeit zur ökonomischen Umsetzung ihre volle Wirksamkeit entfaltet. Dieser Punkt ist im Diagramm hervorgehoben und illustriert, wie wichtig es für Kreative ist, nicht nur in der Ideenfindung und -gestaltung kompetent zu sein, sondern auch in der Vermarktung und Organisation.

Die Herausforderungen, denen Gestaltende und Künstler oder Künstlerinnen gegenüberstehen, wenn es darum geht, ihre Werke wirtschaftlich zu realisieren, werden im Schaubild durch die Verbindung zwischen dem kreativen Prozess und den Marktbedingungen aufgezeigt. Die Visualisierung zeigt, dass eine erfolgreiche Etablierung im Markt nicht nur von der Kreativität abhängt, sondern auch von der Fähigkeit, diese Kreativität in einen wirtschaftlichen Kontext zu setzen.

Die kreative Doppelkompetenz ermöglicht es somit, den Bogen von der Konzeption bis zur Markteinführung zu spannen, und ist damit eine entscheidende Voraussetzung für den beruflichen Erfolg in der Gestaltungs- und Medienbranche.

Projektmanagement in Kunst und Design

Unter dem Begriff „Projektmanagement" (abgekürzt als PM) wird das Planen, Steuern und Kontrollieren von Projektprozessen verstanden. Diese Methoden sind nicht auf Kunst- und Design-Projekte beschränkt, sondern unabhängig von Branche und Projektinhalt:

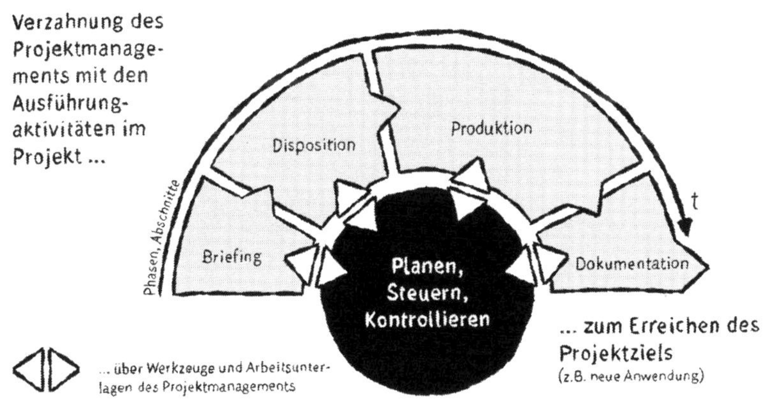

Abbildung 11: Projektmanagement in Gestaltungsprojekten (Eigene Darstellung).

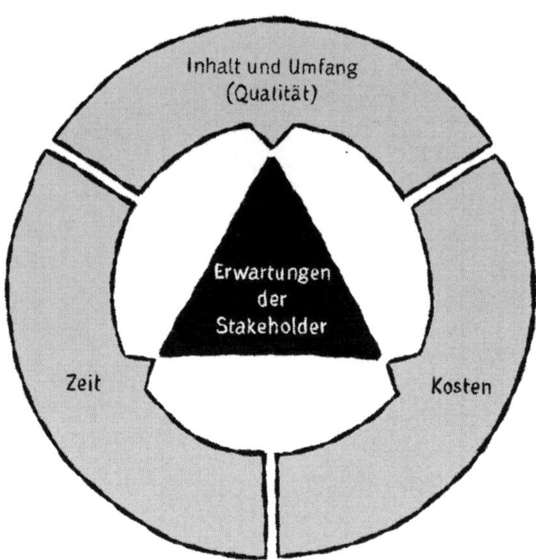

Abb. 12: Das magische Dreieck: Zusammenhang der Steuergrößen in einem Projekt. (Eigene Darstellung in Anlehnung an das Projektdreieck).

Diesen Definitionen ist inhaltlich weitgehend gemein, dass das Projektmanagement über der eigentlichen Projekttätigkeit steht und damit verzahnt ist. Projektmanagerinnen stehen zwischen drei Dimensionen und haben die Aufgabe, diese Erwartungen (die teilweise konträr sein können) zu erfüllen. Diese Dimensionen werden als sogenannte Projektumfeldanalyse bezeichnet.

Diese Analyse beschreibt die Stakeholder als Personen oder Organisationen, deren Interesse sich auf den Verlauf und vor allem das Ergebnis des Projekts bezieht. Der Projektmanager bewegt sich demnach zwischen folgenden drei Größen:

- Zeit: Projektdauer und die sogenannten „Meilensteine"
- Kosten
- Projektinhalt und damit die angestrebte Projektqualität

Daraus ergibt sich die Anforderung an den Projektmanager, diese unter Umständen zum Teil konträren Ansprüche gegenüber den jeweils anderen Stakeholdern transparent zu machen und in eine gemeinsame Projektplanung zu übersetzen. Dieses Projektmanagement ist auch durch eine Priorisierung dieser Größen gekennzeichnet, aus der dann die konkrete Projektsteuerung folgt. Die Ergebnisse und Zwischenergebnisse nehmen immer Bezug auf diese drei Dimensionen.

Die Projektsteuerung definiert die Projektphasen als zeitliche Abschnitte. Darin wird festgelegt, welche Aktivitäten welchen Akteurs welchen Arbeitsinhalt bzw. welches Ergebnis produzieren. Diese Einheiten werden für gewöhnlich als „Meilensteine“ bezeichnet. Die allgemeine Betrachtung von Projekten geht von vier Phasen aus. In der folgenden Aufzählung werden die jeweils anfallenden Projektmanagementaufgaben genannt:

- **Projektdefinition/Briefing:** Hier werden das Kommunikationsziel sowie der Umfang der zu erstellenden Arbeitsergebnisse definiert. In dieser Phase kalkuliert das Projektmanagement insbesondere Kosten, Zieldimensionen und einen zeitlichen Umfang. Am Ende dieser Phase steht der formelle Projektauftrag.
- **Projektplanung**: Nach der Auftragsvergabe erstellt das Projektmanagement die für die Umsetzung des Projektziels notwendigen Pläne: Aufgaben, Termine, Kapazitäten, freie Mitarbeitende, Kosten etc. In dieser Phase werden auch Kommunikations- und Qualitätspläne vereinbart. In der Zeitplanung spielen die „Meilensteine“ eine zentrale Rolle.
- **Projektdurchführung und -kontrolle:** Während dieser Umsetzungsphase hat das Projektmanagement die Aufgabe, eine Kontrollfunktion zu übernehmen und auf etwaige Störungen zu reagieren. In dieser Moderationsfunktion liegt die zentrale Leistung des Projektmanagements, denn die Realität von Projektarbeiten ist eine Vielzahl von unvorhergesehenen Ereignissen, die einer dynamischen Planänderung und deren Kommunikation bedürfen.
- **Projektabschluss:** Nachdem die Arbeit produziert worden ist, wird meist eine Dokumentation erstellt. In diese Phase findet auch ein Rückblick statt, um aus den gemachten Erfahrungen zu lernen. Unter Umständen ist es auch möglich, dass bei einem absehbaren Nichterreichen des Projektziels das Projekt abgebrochen wird.

Aus dieser Aufzählung wird deutlich, dass das Projektmanagement nicht zwingend von einem besonders talentierten Gestalter oder generell von einem Gestalter begleitet werden muss. Vielmehr verlangt diese Position Kompetenz in der Kommunikation, in der sozialen Interaktion und eine nicht unerhebliche Stressresistenz, da der Projektmanager wie bereits beschrieben die Vermittlerrolle zwischen den drei Projektbeteiligten übernimmt. Aus dieser Überlegung heraus ist es von Vorteil, wenn hier proaktiv, vorausschauend und mit Projekterfahrung gehandelt wird.

In künstlerischen und gestalterischen Projekten liegt die Aufgabe des Projektmanagers in der Balance zwischen organisatorischen, wirtschaftlichen und kreativen Aspekten. Organisatorisch koordiniert er oder sie Produkte aus verschiedenen Bereichen wie Text, Grafik und Fotografie, wobei er oder sie auf unvorhersehbare Veränderungen mit flexibler Kommunikation reagieren muss. Wirtschaftlich überwacht er die Budgets und Arbeitszeiten, um die Kostentreue des Projekts zu gewährleisten. Inhaltlich moderiert er die kreativen Prozesse, indem er Aufgaben formuliert und Lösungen anregt. Dabei ist es entscheidend, dass er die Sprache und Denkweise der beteiligten künstlerischen Akteure versteht, um effektiv zwischen ihnen zu vermitteln.

Merke: Für das erfolgreiche Management von Designprojekten sind mehrere Schlüsselfaktoren ausschlaggebend. Zunächst ist es wichtig, das Projektziel klar zu definieren und dessen Grenzen abzustecken. Weiterhin müssen angemessene Projektpläne entwickelt und kontinuierlich überwacht sowie eingehalten werden. Ein weiterer entscheidender Punkt ist das Verständnis des Projekts als Prozess, was eine strukturierte Herangehensweise an Projekte als Prozesse erfordert. Außerdem sollte das Projekt im Kontext von Designmanagement betrachtet werden, was bedeutet, seine Einbettung in den medientechnischen, wirtschaftlichen und kulturellen Kontext zu berücksichtigen.

Um künstlerische und gestalterische Projekte erfolgreich zu managen, beachte die folgenden operativen Hinweise:

- E-Mails: Bearbeite sie nach dem Prinzip „Einmal sehen und bearbeiten". Speichere Anhänge in projektbezogenen Ordnern, wie „Korrespondenz", „Material", „Entwürfe", „Produktion" und „Dokumentation".
- Inbox-Management: Versuche, deine projektbezogene Inbox täglich zu leeren und Mails binnen 24 Stunden zu bearbeiten.

- Telefonate und Videokonferenzen: Behandle diese wie Termine mit klaren Zielen, Zeiten und abschließenden Zusammenfassungen.
- Umgang mit Störungen: Bleibe verbindlich aber offen für neue Impulse. Entscheide projektbezogen, ob soziale Netzwerke Inspiration oder Ablenkung sind.
- Kommunikation: Sei in allen Medien freundlich, um eine positive Atmosphäre zu fördern. Denke daran, dass du Teil eines Teams bist und kommuniziere proaktiv mit dem Fokus auf die gemeinsamen Ziele.

Projektphasen in künstlerischen und gestalterischen Prozessen

In diesem Abschnitt widmen wir uns den spezifischen gestalterischen Projektmethoden, aufbauend auf einer allgemeinen Methodik des gestalterischen Arbeitens. Du wirst die einzelnen Phasen eines Projekts erkunden und lernen, wie du den Typ und Umfang deiner Ergebnisse (wie ein Exposé, Videoaufnahmen oder ein Storyboard) definierst, um die Phasen greifbar zu machen.

Die Theorie, die wir hier vorstellen, ordnet diesen Arbeitsphasen spezifische Modelle zu. Obwohl in der Realität Phasen fließend sind, hilft diese scharfe Trennung, die Prozesse in Projekten bewusst zu machen und zu verinnerlichen. Dein Ziel ist es, durch praktische Anwendung dieser Phasen deine Stärken zu erkennen und eine Grundlage für spätere Spezialisierungen zu schaffen.

Das Phasenmodell funktioniert wie ein „Flaschenhals": Es beginnt mit einer Fokussierung der Wahrnehmung auf das Briefing, wo die Komplexität minimiert wird, und entfaltet sich dann wieder zu einer maximalen, ästhetischen Komplexität.

Das Hauptziel dieses Modells ist die zeitliche und finanzielle Planbarkeit deiner Projekte. Gleichzeitig bietet es dir durch sein lineares Format eine Struktur, die dir hilft, deine Gedanken zu ordnen und zu reflektieren – eine Art „Selbstbelohnung" für erfolgreich abgeschlossene Phasen.

Diese Methoden, als Phasen modelliert, sind sowohl für komplexe Medienprojekte als auch für künstlerische Arbeiten anwendbar. In beiden Fällen arbeitest du oft isoliert und verlässt dich auf implizite, nicht verbalisierte Handlungsgrundlagen. Diese Eigenheit unterstreicht die Bedeutung methodischer Analysen, besonders im Kontext der Selbstorganisation, die im Zentrum deiner Methodenkompetenz steht.

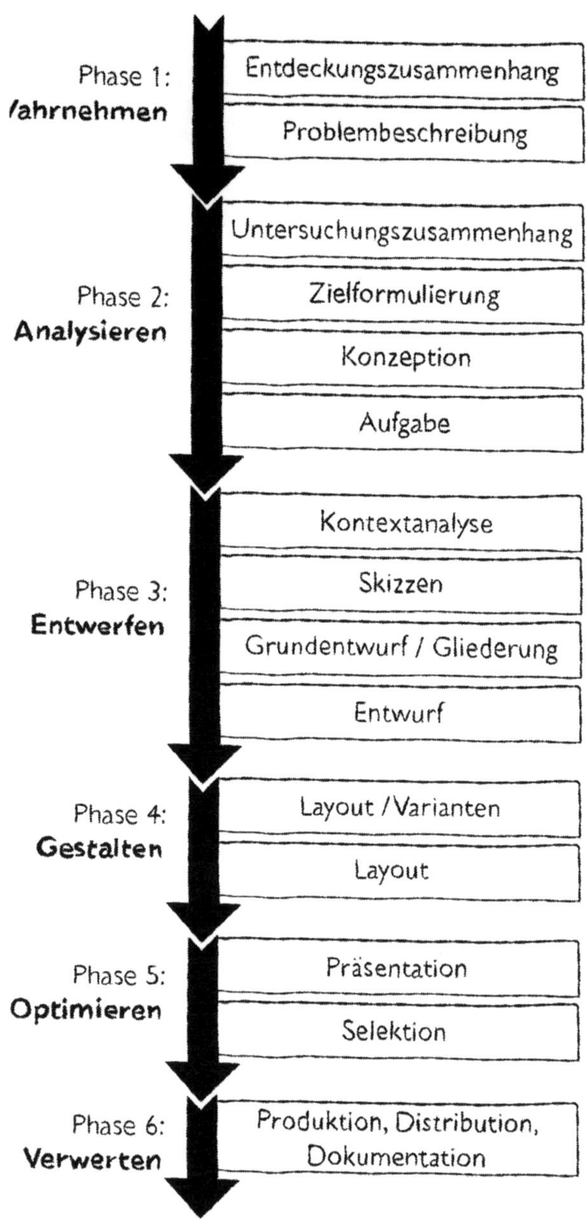

Abbildung 13: Projektphasen in Designprozessen (Eigene Darstellung).

Phase 1: „Wahrnehmen"

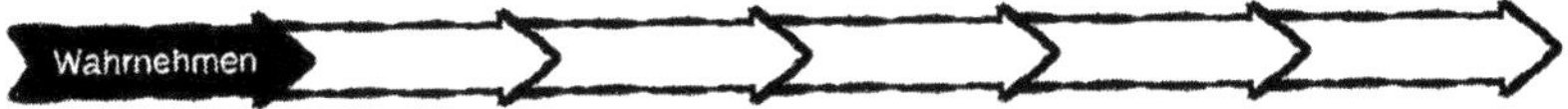

Am Anfang eines Projektes steht die individuelle, subjektive Wahrnehmung. Dieser Prozess ist grundsätzlich auch personen- und rollenunabhängig:

- Im Dienstleistungskontext ist es in der Regel der Auftraggeber, der eine bestimmte Beobachtung macht. Er formuliert und verbalisiert diese als Ist-Analyse und leitet daraus einen „Bedarf" ab.
- Im schöpferischen und/oder künstlerischen Kontext ist es die eigene Wahrnehmung, die den Impuls zur Gestaltung gibt. Umgangssprachlich wird dies als „Inspiration" bezeichnet. Sie wird in diesem Zusammenhang näher beschrieben.

In dieser Phase wird eine möglichst breite Recherche durchgeführt, die in der Regel eine Lektüre ist. Es geht darum, möglichst viele – auch widersprüchliche – Facetten des Phänomens wahrzunehmen und diese Wahrnehmung zu verbalisieren (auch in Projekten, die man `nur für sich selbst´ macht).

Du sammelst eine breite Palette von Eindrücken und Informationen, um eine tiefe und vielfältige Perspektive zu entwickeln. Dabei folgst du verschiedenen Kriterien und Modi:

- **Darstellung**: Was nimmst du wahr? Welche Aspekte fallen dir besonders auf?
- **Aufzeigen**: Erkunde Ursache-Wirkungs-Beziehungen in deinen Beobachtungen.
- **Charakterisieren**: Beschreibe deine Beobachtungen möglichst präzise und detailliert.
- **Kategorisieren**: Gruppiere und ordne deine Beobachtungen. Suche nach Mustern und Strukturen.
- **Unterscheiden und Vergleichen**: Ziehe Schlüsse durch Gegenüberstellung und Vergleich deiner Beobachtungen.
- **Konzeptualisieren**: Analysiere den Kontext und die Wechselwirkungen deiner Beobachtungen.

In dieser Phase vermeidest du Wertungen. Dein Ziel ist es, ein tiefes, umfassendes Verständnis des Phänomens zu entwickeln, das im Zentrum deines Projekts stehen wird.

Die Ergebnisse dieser Forschung sind Exzerpte oder andere Formen der Dokumentation. Subjektive Textformen wie z.B. Lyrik sind hier eingeschlossen, sollten aber für einen unbeteiligten Dritten nachvollziehbar sein (auch wenn dies mühsamer ist). In Gruppenarbeiten ist dies eine Präsentation mit Diskussion, die wiederum Projektergebnisse in Form von Feedback hervorbringt. Dies sollte jedoch weniger offen sein als z.B. ein Brainstorming; der Vortragende muss hier stärker moderieren.

Spezifisch für ein Studienprojekt ist in dieser Phase die Themenfindung. Diese erfolgt über eine ungerichtete Wahrnehmung, um möglichst breite Ansätze für die spätere Konkretisierung zu finden. Wichtig ist eine prinzipielle Offenheit. Daher ist die Bezeichnung dieser Phase als „Entdeckungszusammenhang" wörtlich gemeint: Wichtig sind in dieser Phase die sinnliche Offenheit und die „Spielregel", eine explizit als „Entdeckung" bezeichnete Neugierde zu praktizieren. Ziel muss es sein, Neues zu finden. Anders formuliert: eine Forschung, die den eigenen Horizont erweitert. Das muss nicht unbedingt „neu" im objektiven oder gar wissenschaftlichen Sinne sein.

Phase 2: „Analysieren"

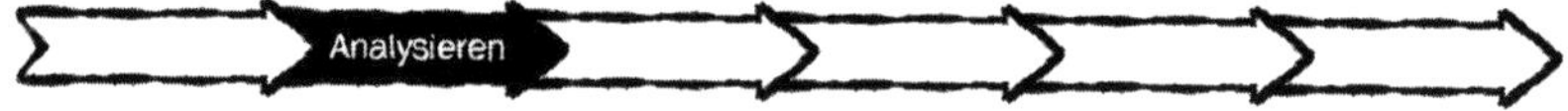

In der zweiten Phase deines Selbststudienprojekts, nachdem du deine Beobachtungen selektiert und eine erste inhaltliche Ausrichtung vorgenommen hast, ist es essentiell, deine Untersuchungsfragen zu formulieren. Diese Fragen bestimmen den Rahmen deiner Forschung. Hypothesen als mögliche Antworten auf diese Fragen helfen dir, deine Gedanken zu strukturieren und den Forschungsprozess vorwegzunehmen. So kannst du überprüfen, ob dein Untersuchungsaufbau geeignet ist, die gestellten Fragen zu beantworten. Dieser Ansatz betont die Wichtigkeit einer gut durchdachten Fragestellung, wie sie typisch für den Forschungsprozess an einer Kunstakademie ist.

Jetzt analysierst du die in Phase 1 gesammelten Daten: Welche Strukturen, Gemeinsamkeiten oder Unterschiede erkennst du? Durch Gruppieren reduzierst du die Komplexität der Beobachtungen. Nicht relevante Aspekte streichst du. In Gruppenarbeiten diskutierst du die Sammlung, geleitet von Leitfragen wie „Was finden wir an diesen Bildern interessant?" oder „Welche Merkmale wollen wir näher untersuchen?"

In deinem Studienprojekt konzentrierst du dich darauf, das Themenspektrum auf die Kontexte des zu untersuchenden Phänomens zu verdichten. Du führst erste Gespräche, die über organisatorische Fragestellungen hinausgehen und deine Primärrecherche darstellen. Es ist sinnvoll, diese Begegnungen an Orten abzuhalten, die später im Projekt eine wichtige Rolle spielen könnten. Versuche, dich als Autor oder Autorin in das Setting einzufühlen. Achte darauf, welche Orte und Zeitpunkte für eine filmische Erzählung interessant sein könnten, und wie die Geschichte durch Handlungen, Erzählungen und Bewegungen sichtbar wird. Nutze diese Notizen für deine Filmidee.

Die Gespräche und Überlegungen, die du führst, sollten dich zu einer klaren Zielformulierung leiten. Diese beschreibt die Art und den Umfang deiner Sachanalyse. Ein Beispiel könnte sein: „Wir haben viele Fotos im Wald gemacht und untersuchen die Mischwälder fotografisch auf Ähnlichkeiten mit Jugendstilelementen." In der klassischen Forschung entspricht dies der Festlegung deines Untersuchungsdesigns in Form von Thesen.

Diese Phase führt zur Aufgabenstellung, die du mit der Konzeption festlegst. Diese ist ein zentrales Dokument der Phase. Die Konzeption enthält üblicherweise Parameter wie Sachanalyse, Ausgangslage, Problemstellung, Untersuchungsziele, Zielgruppen, Projektaufgabe und Projektziel. Mit dieser Konzeption schließt du die Analysephase ab und definierst deine konkrete Aufgabe in Form des Projektziels.

Diese Phase markiert im Sinne der „Flaschenhalsmetapher" einen Punkt im Projekt, an dem eine gedankliche Verdichtung stattfindet. Hier wird in wenigen Worten beschrieben, worin die Entwurfsarbeit, die Gestaltung und die Umsetzung bestehen sollen und welche Kriterien dabei gelten. Dieser Punkt der Klarheit sollte bewusst wahrgenommen werden, beispielsweise durch eine kleine Geste, wie in Kapitel „Selbstmanagement" beschrieben. Für viele Grafikdesigner ist dies der Moment des „leeren Tisches", von dem aus das weite Feld der Entwurfsarbeit erforscht wird.

Phase 3: „Entwerfen"

In dieser Phase widmen wir uns dem, was landläufig als „Kreativität" bezeichnet wird. Es geht darum, vielfältige gestalterische Ausdrucksformen zu erkunden, um Lösungen zu finden. Die Herangehensweise kann systematisch oder unsystematisch sein, abhängig von der jeweiligen Problemstellung und den beteiligten Personen.

Bei Gruppenarbeiten wählt die leitende Person, oft in einem Auftakttreffen („Kick-off") genannt, eine passende Kreativmethode zur Ideenfindung. Es ist essenziell, diesen kreativen Prozess gut zu strukturieren, um die Effektivität und positive Wahrnehmung der Gruppenaktivität zu sichern. Verschiedene Kreativtechniken, die euch dabei unterstützen können, findet ihr in anderen Quellen.

Für Einzelarbeiten beginnt der Prozess ebenso mit dem Sammeln von Ideen. Effektiv funktioniert das mit einer Mindmap, die den Denkprozessen ähnelt. Diese „visuelle Gedankenkarte" sollte auch Skizzen umfassen, um das Denken ganzheitlich zu stimulieren.

In einem Studienprojekt treffen sich alle Beteiligten, um die narrativen Elemente in einer „Story" zu verbinden. Hierbei verschmelzen organisatorische, erzählerische und zeichnerisch-gestalterische Ebenen. Um diese Komplexität in der Gruppe zu steuern, sind visuelle Darstellungen der Gesprächsinhalte (wie Mindmaps oder Sketchnotes) hilfreich. Wichtig ist auch, die erzählende Geschichte zeichnerisch und sprachlich festzuhalten. Erwartet jedoch nicht, dass solch ein Treffen direkt ein Storyboard ergibt. Im Vordergrund steht das Erfassen verschiedener Perspektiven, um daran weiterzuarbeiten.

Um ein Bild für diese zentrale Gestaltungsarbeit zu verwenden: Es geht darum, den noch unklaren „Raum" um das Thema herum aufzuhellen. Das erreicht ihr, indem ihr spielerisch und probeweise verschiedene Elemente herantragt und beleuchtet. Je mehr Elemente ihr in euer imaginäres Zimmer und auf eure Mindmap bringt, desto komplexer und klarer werden die Verbindungen. Ziel ist es, viele kleine „Lichter" (Ideen) zu sammeln, nicht ein einziges großes Objekt. Diese Ideensammlung sollte nicht rein fantasievoll sein, sondern immer den jeweiligen Kontext berücksichtigen.

Es ist ratsam, die Kontextkriterien separat, vielleicht in einer eigenen Sitzung oder einer weiteren Mindmap, zu erfassen.

In dieser kreativen Entwicklungsphase stehen wir vor wichtigen Fragestellungen, die das Fundament für unser Schaffen bilden:

- Das **Publikum** und dessen Umgebung: Welche Voraussetzungen bringen sie mit und welche visuellen oder stilistischen Erwartungen könnten sie haben?
- Das stilistische **Umfeld**: In welchem Rahmen können wir kreativ abweichen? Welche Freiräume ergeben sich und was ist angemessen?
- Die **Auftraggebenden**: Welche Einflüsse und Hintergründe fließen von ihrer Seite in das Projekt ein? Welche Prägungen zeigen sich möglicherweise aus vorangegangenen Arbeiten?

Mit diesen Überlegungen im Gepäck schreiten wir zur klassischen Entwurfsphase. Diese Phase schöpft aus unseren eigenen Ressourcen und unserer Individualität.

Es ist daher ratsam, sich zurückzuziehen und auf dem sprichwörtlich „leeren Tisch" lediglich Papier und Stifte bereitzulegen. Insbesondere sollte man während dieser Zeit auf eine Internetrecherche verzichten, um eigenständige Ansätze zu fördern. Je formeller das Projekt, desto konzentrierter und intensiver kann diese Rückzugphase gestaltet werden. Ein Logo beispielsweise benötigt mehr Stille und Fokussierung als ein Marketingkonzept, das mit komplexeren Inhalten arbeitet.

Skizzen stehen im Mittelpunkt dieser Phase. Sie visualisieren inhaltliche, abstrakte oder räumliche Zusammenhänge und dienen sowohl als Vorformen der eigentlichen Gestaltung als auch – noch bedeutender – als Werkzeug, um neue Ideen zu generieren. Daher ist es wichtig, das Skizzieren durch klassische Zeichentechniken zu schulen. Ein entscheidendes Kriterium in dieser Phase der Entwurfserstellung ist, ähnlich wie beim „Brainstorming", das vorurteilsfreie Sammeln von möglichen Ansätzen. Es geht darum, eine Vielzahl von Konzepten zu entwickeln, aus denen später in der Gestaltungsphase die passendsten ausgewählt werden können.

Phase 4: „Gestalten“

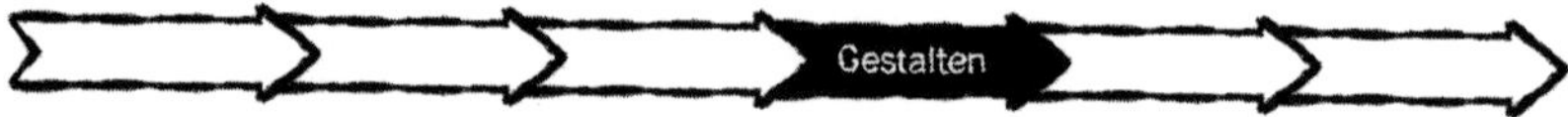

In dieser Phase konzentrieren wir uns auf das, was üblicherweise mit dem Berufsbild des Grafikdesigns assoziiert wird: das „Gestalten“. Dieser Prozess umfasst allerdings methodisch mehr als nur das intuitive Ausdrücken von Ideen.

Es geht hierbei um einen Arbeitsabschnitt, der eine intensive Auseinandersetzung mit den angrenzenden Kompetenzbereichen verlangt, die das eigentliche Gestalten erst möglich machen. Dies unterstreicht die Bedeutung der Entwicklung dieser Kompetenzen, die für eine erfolgreiche und erfüllende berufliche Tätigkeit unerlässlich sind.

Das Hauptziel in dieser Etappe ist das systematische Entwickeln von Designvarianten, welches sich in zwei Hauptaspekte gliedert:

- Die Selbstreflexion während des Erarbeitens und Verfeinerns von Gestaltungsentwürfen.
- Die Präsentation von Gestaltungsalternativen für Auftraggebende.

Die Selbstreflexion ist von besonderer Bedeutung, da das Gestalten häufig eine in sich gekehrte Tätigkeit ist. Durch das iterative Verfeinern von Entwürfen können wir unser Optimierungspotenzial am besten erkennen. Praktisch umgesetzt wird dies durch das Kopieren und Nummerieren von Layoutversionen, was eine spätere Nachvollziehbarkeit der Gedankengänge ermöglicht.

Die Phase des Gestaltens unterscheidet sich von der vorherigen Entwurfsphase dadurch, dass nun die Entwicklung formaler Varianten im Vordergrund steht. Mit anderen Worten: Für diese Phase muss bereits ein Grundkonzept vorliegen, das dann weiter ausgestaltet wird.

Die Phase des Gestaltens stellt besondere Anforderungen an die Zeitplanung, da sie eine hohe Vorstellungskraft erfordert, die in künstlerischen Kontexten oft auch als „Fantasie“ bezeichnet wird. Diese wiederum benötigt eine gewisse Qualität an emotionaler und intellektueller Energie. Deshalb eignen sich besonders die Zeiten hoher Energie, oft die frühen Morgenstunden, für diese Arbeitsphase.

In der Gestaltungsphase, die oft als „Layout" bezeichnet wird, ist es entscheidend, klare Ziele zu setzen, um maximale Planbarkeit zu gewährleisten. Diese Ziele für ein konkretes Layoutergebnis müssen realistisch, motivierend und angemessen sein, ähnlich wie das übergeordnete Projektziel:

- **Realistisch** bedeutet dies, dass die Ziele im Rahmen der gegebenen Möglichkeiten (wie technische Fähigkeiten, vorbereitete Inhalte, Zeitplanung usw.) erreichbar sein müssen. Ein Beispiel für ein realistisches Ziel wäre beispielsweise, innerhalb der nächsten drei Stunden zwei Logoentwürfe zu finalisieren.
- **Motivierend** impliziert, dass das Design an sich gestalterisch ansprechend sein sollte – ein Kriterium, das idealerweise bereits im Entwurf aus Phase 3 erfüllt wird.
- **Angemessen** heißt, dass das Ergebnis zum nächsten Schritt im Projekt passen muss, wie zum Beispiel ein Logo, das sich formal in eine bestehende Internetpräsenz einfügen lässt.

Diese Kriterien zusammen ermöglichen eine effiziente Planung der Gestaltungsphase. Die Form der Präsentation (das dritte Kriterium, „Kompatibilität") ist dabei essentiell. Es beinhaltet auch Angaben zur Detailtiefe des jeweiligen Projektergebnisses, da jedes Teilergebnis den Ausgangspunkt für den nächsten Projektschritt bildet, der möglicherweise arbeitsteilig organisiert ist. Zudem sind diese Zeiträume die Grundlage für die zeitbasierte Kalkulation von Medienprojekten.

Um eine Abgrenzung zur vorangegangenen Phase „Entwurf" zu ziehen: Während es im Entwurf um eine eher oberflächliche, aber ganzheitliche Betrachtung des Designproblems geht, konzentriert sich die Phase „Layout" auf die Detailbetrachtung desselben Problems. Daraus folgt, dass beide Phasen unterschiedliche mentale Modi erfordern. In der Layoutphase ist es wichtig, die Bereitschaft zu feinen, subtilen Entwurfsserien zu haben, die mehr Geduld erfordern als die zündende „geniale" Idee.

Die Methode dieser Phase soll Angemessenheit und Differenzierung im gegebenen stilistischen Umfeld aufzeigen. Diese Kriterien scheinen sich zu widersprechen, da Angemessenheit nach stilistischer Ähnlichkeit fragt und Differenzierung nach dem Gegenteil sucht. Das Grafikdesign muss dieses Spannungsfeld durch eine visuelle Lösung überbrücken.

Die handwerkliche Technik besteht darin, ein breites Spektrum an Lösungsvarianten zu entwickeln, ähnlich den Gestaltungsprogrammatiken, die in Phase 3 „Entwerfen" angewandt werden. Es geht darum, durch kleine, schrittweise Überlegungen eine möglichst große Variationsbreite zu erzeugen. Die in Ressourcen vorgestellten Methoden können dabei unterstützen, innerhalb einer begrenzten Zeit Varianten zu erstellen.

Das sinnliche Feedback ist auch in dieser Phase von Bedeutung. Es wird empfohlen, Entwürfe nicht ausschließlich digital zu bearbeiten, sondern auch auszudrucken und im physischen Raum sichtbar zu machen. Mit Pinnwänden und Ausdrucken auf dem Boden und an Wänden kann man insbesondere komplexe Arbeiten ganzheitlich reflektieren. Diese visuelle Arbeitsmethodik dient auch dazu, die Motivation in isolierten Arbeitsphasen aufrechtzuerhalten.

Ein Kontrast zur beschriebenen methodischen Vorgehensweise ist der Zufall, der in der Kunsttheorie häufig diskutiert wird und eine nicht zu unterschätzende Rolle im Gestaltungsprozess spielt. Bei einer Gestaltungsblockade kann es hilfreich sein, den Zufall bewusst zu nutzen.

Das Ziel der Phase „Gestalten" ist es, eine möglichst realitätsnahe Simulation des angestrebten Produkts zu erstellen. Nur mit einer solchen Simulation lässt sich überprüfen, ob die Gestaltungsidee das Problem wirklich lösen kann. Dazu gehört auch das Einbeziehen von Feedback unbeteiligter Dritter, um Erkenntnisse in die weitere Verfeinerung oder Anpassung des Designs einfließen zu lassen.

Phase 5: „Optimieren"

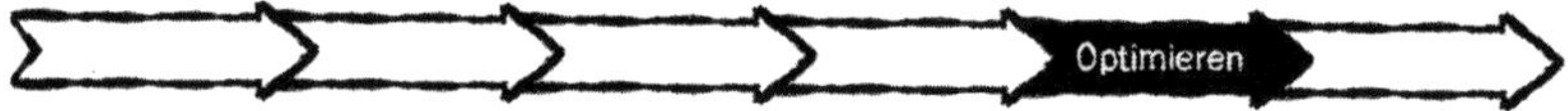

Nach der Bewertung der Modelle, wie Handmuster oder Blindbände, folgen zwangsläufig Schritte zur Verfeinerung und Optimierung. Diese Phase ist entscheidend für die Qualität des Projekts, da hier Merkmale festgelegt werden, die später die Beurteilung des fertigen Produkts maßgeblich beeinflussen. Das können sein:

- **Konsistenz** der Designmerkmale
- **Orthografie** und **inhaltliche Korrektheit** (Verzeichnisse, Verweise, Zahlen, etc.)
- **Drucktechnische Eignung** (Bilder, Farben, etc.)
- **Inhaltliche Stichhaltigkeit** der getroffenen Designentscheidungen

Für die Phase 5 „Optimieren“ hat sich bewährt, einen spezifischen Zeitrahmen, idealerweise 20 % der gesamten Gestaltungszeit, für Überprüfung, kritische Reflexion und wiederholte Tests einzuplanen. Das Risiko, unter Zeitdruck Qualitätskriterien zu vernachlässigen, ist sonst groß, besonders wenn die berüchtigte „Deadline“ drängt.

Ein zentraler Aspekt dieser Phase ist auch die ausführliche Diskussion mit den nachgelagerten Projektbeteiligten, wie der Druckerei oder den Programmierenden. Die Offenheit für gestalterische Anpassungen zur Optimierung des Produktionsprozesses ist förderlich, doch dies setzt voraus, dass genügend Zeit ohne Druck zur Verfügung steht.

In der Phase „Optimieren“ spielt zudem die intensive Kommunikation mit dem Auftraggebenden eine wichtige Rolle. Präsentationen sind in dieser Phase üblich. Es folgt die Aufgabe, globale Designregeln und deren Begründungen zu formulieren, um dem Auftraggebenden die Abstraktionsleistung abzunehmen und Gespräche effektiv zu leiten. Ziel des Präsentationskonzeptes ist es, die Gründe für die gewählten Designs zu reflektieren, von einem Dritten beurteilen zu lassen und weiter optimieren zu können.

Das Ergebnis dieser Präsentationen ist eine Auswahl an Designvarianten und -optionen, die in der folgenden Projektphase umgesetzt werden. Die Phase „Optimieren“ ist naturgemäß von einer gewissen Spannung geprägt. Eine Entwicklungschance für Designschaffende besteht darin, Entscheidungen besonnen und ruhig zu treffen, um den Fokus auf die Projektbeteiligten wie Auftraggebende und produzierende Unternehmen nicht zu verlieren. Diese Phase ist der letzte Eindruck, den die Gestaltenden hinterlassen, bevor das Endergebnis vorliegt – nichts beunruhigt die Beteiligten mehr, als wenn die Designschaffenden in dieser kritischen Phase die Nerven verlieren. Das Ziel ist daher, mit größter Sorgfalt in dieser abschließenden Phase zu optimieren.

Phase 6: „Verwerten“

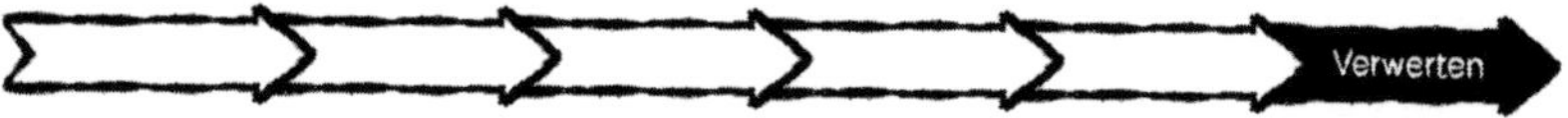

In der abschließenden Phase, die wir als „Verwerten“ bezeichnen, manifestiert sich der wahre Wert unserer gestalterischen Arbeit – nicht nur in künstlerischer, sondern auch in wirtschaftlicher Hinsicht. Diese Phase umfasst:

- Die technische **Umsetzung** des Designs in der Produktion.
- Die Planung und Verwaltung der **Verteilungswege**.
- Die **Dokumentation** der Projektergebnisse.

Mit dem Abschluss der Produktionsdaten übergeben wir unsere Konzepte den Spezialistinnen und Spezialisten, die unsere Visionen in greifbare Formen umwandeln. Diese Umsetzung ist ein kritischer Moment, in dem das „innere Bild“ in ein physisches Produkt überführt wird. Hier zeigen sich die Früchte unserer Arbeit und die Bedeutung der vorangegangenen Phasen.

Unsere Aufgabe in dieser Phase ist das Qualitätsmanagement, um sicherzustellen, dass das Endprodukt unseren hohen Standards entspricht. Besonders in Druckprojekten ist es essentiell, an der Druckmaschine präsent zu sein, um letzte Anpassungen vorzunehmen.

Die ästhetische Transformation fordert uns heraus, unsere Wahrnehmung mit jener der Produzierenden und Auftraggebenden abzugleichen. Wir moderieren Gespräche, um letzte Optimierungspotenziale zu erschließen, stets im Bewusstsein, dass Qualität ein gemeinsames Anliegen ist.

Die Auswahl der Produktionsdienstleister reflektiert auch die unternehmerische Weitsicht des Gestaltenden. Es geht nicht nur darum, einen geeigneten Partner zu finden, sondern auch darum, eine Entscheidung zu treffen, die unsere ethischen und wirtschaftspolitischen Werte widerspiegelt.

Die Distribution ist die Verlängerung unserer Entwurfsarbeit, bei der es darum geht, die richtigen Menschen zur richtigen Zeit zu erreichen. Die strategische Auswahl von Vertriebswegen und Werbemedien ist dabei entscheidend.

Die buchhalterische Abwicklung der Verteilungsvorgänge (etwa Lizenzeinnahmen) mag zwar oft außerhalb unseres üblichen Aufgabenbereichs liegen, ist jedoch für die ökonomische Nachhaltigkeit unseres Schaffens unerlässlich.

Schließlich ist die Dokumentation unserer Arbeit für die Eigenwerbung und zur Reflexion unserer Praxis entscheidend. Sie dient nicht nur als Beweis unserer Fähigkeiten, sondern auch als Werkzeug für eine kontinuierliche Verbesserung.

Lasst uns diese letzte Phase nutzen, um die Bandbreite unseres Schaffens zu würdigen, die Verbindung zu unseren Auftraggebenden zu stärken und unsere gestalterischen Entscheidungen mit Bedacht und Weitblick zu treffen. Hier setzen wir den Schlussstein unseres Werkes und legen den Grundstein für zukünftige Projekte.

Nun steht ihr am Ende eines Kapitels, das euch durch die vielschichtigen Phasen des Gestaltungsprozesses geführt hat – ein Prozess, der Kreativität mit Handwerk verbindet und sowohl individuelle Fähigkeiten als auch kollaboratives Arbeiten erfordert. Doch wahres Verstehen entsteht durch Tun. Daher laden wir dich ein, das Gelesene nicht nur als Information, sondern als Anleitung für aktive Selbstentwicklung zu nutzen. Dazu schlagen wir diese abschließende Übung vor:

Übung: **Reflexion des Gestaltungsprozesses**

Ziel: Diese Übung zielt darauf ab, den Gestaltungsprozess zu reflektieren und dadurch eure kreativen Fähigkeiten zu vertiefen und eure Arbeitsweise zu optimieren. Sie hilft dabei, deine Designpraxis zu vertiefen und dich als Gestalter oder Gestalterin weiterzuentwickeln. Neben der Selbstkontrolle dient sie auch dazu, jeden Tag ein bisschen besser zu werden.

1. Phasenanalyse: Analysiert jede der sechs Phasen eures Projekts. Beschreibt präzise, was ihr in jeder Phase erlebt und empfindet.
2. Strukturkritik: Überprüft die Struktur der Arbeitsphasen kritisch. Identifiziert und grenzt sie in eurer Praxis ab. Achtet auf fließende Übergänge und Brüche.
3. Kreatives Tagebuch: Führt ein Tagebuch, in dem ihr eure Fortschritte, Herausforderungen und Einsichten festhaltet – in Textform, als Serie von Episoden oder durch visuelle Darstellungen.
4. Selbstreflexion und Kritik: Seid ehrlich zu euch selbst und konstruktiv in der Kritik, auch gegenüber Teammitgliedern.

Ich bin eine Marke

Das erwartet dich in diesem Kapitel:

- Du erkennst den Wert authentischer Markenidentität und kannst selbstständige Wege beschreiten, die dich diesem Ideal nahebringen.
- Du setzt klassische Instrumente der Profilbildung auf individuelle Weise ein.
- Du bekommst Einblicke in Möglichkeiten und Wirkweisen von Formen der Selbstpräsentation

Um die eigene Marke entwickeln und authentisch am Markt zu präsentieren, benötigen wir Antworten auf folgende zentrale Fragen:

- **Wer bin ich?**
- **Was kann ich?**
- **Wo will ich hin?**

Von der Selbstklärung zur Selbstpräsentation

Das sind die richtungsweisenden Fragen in diesem Abschnitt. Die Antworten darauf sollen zum einen auf pragmatische Weise die Orientierung und die Selbstpositionierung im Berufsfeld erleichtern. Sie sollen aber vor allem auch einen Selbstklärungsprozess anstoßen, der das eigene Denken, Handeln und Können als berufsbegleitenden Reflexionsprozess etabliert. Solch ein Prozess trägt nicht nur zur ständigen Weiterentwicklung bei, er hilft auch dabei, die eigenen noch unentdeckten Potenziale an die Oberfläche zu bringen und sinnstiftend in das persönliche und berufliche Leben einzubetten.

Es ist wichtig, die persönliche, künstlerische und berufliche Entwicklung als miteinander verwobene Stränge zu begreifen, die nur dann überzeugen, wenn du authentisch bleibst. Es ist also keine von außen gesetzte Rolle, deren Ausführung du zu erlernen hast, sondern das Bergen und das Klären der Schätze, die du mitbringst und entwickelt hast. Daraus entsteht ein Bewusstsein über die eigene innere Expertise, welche die Basis ist, um selbstbewusst und handlungsfähig in die Öffentlichkeit treten zu können.

Die Essenz dieser Reflexion zeigt sich in deinem Angebot, mit dem du dich – deiner selbst bewusst – in passende Kontexte einbringen kannst. Je bewusster du dieses Angebot formulieren und präsentieren kannst, desto besser ist es für andere zu verstehen und desto sichtbarer wirst du als Persönlichkeit.

Es gibt viele Ratgeber, Studien oder Übungen, die das Thema der eigenen Markenbildung wissenschaftlich oder praktisch, ernsthaft oder mit Spaß aufbereiten. In diesem Buch legen wir hingegen Wert auf eine praktisch orientierte Anwendbarkeit und auf die Integration der dahinterstehenden individuellen Kreativität, die sich bei jedem anders zeigt. Anders gesagt: Es gibt nicht DIE perfekte Selbstpräsentation, sondern es ist ein ganz individueller Entwicklungsweg, der bei jedem Menschen anders aussieht. Diese Eigenwilligkeit ist sogar gewünscht, denn meistens sind es die ungewöhnlichen, eigenwilligen bis kruden Persönlichkeiten, die bleibenden Eindruck hinterlassen.

Das Stichwort Authentizität hat in diesem Zusammenhang eine neue Aktualität und Wichtigkeit gewonnen. Nach dem digital-technischen Höhenflug, der jegliche Präsentation immer perfekter, glatter und aufwendiger hat werden lassen, gibt es ein verstärktes Bedürfnis nach Einfachheit, nach etwas, bei dem sich ein echtes Gefühl einstellt. Deswegen kann heute eine Präsentation, die mit handgemachten, gebastelten Mitteln daherkommt, die Adressaten mitunter besser erreichen als eine perfekte High-Tech Darstellung. Die neu gewonnene Freiheit in der Wahl der Mittel macht das Herstellen einer Präsentation für jeden möglich, weswegen die Verantwortung, eine solche vorweisen zu können, noch mehr bei jedem Kreativen selbst liegt.

Egal für welchen Medieneinsatz man sich letztlich entscheidet, man muss vorab einige Dinge klären, die sicherstellen, dass die Präsentation keine leere Hülle bleibt. Dieser Klärungsprozess sollte nicht nur als lästige Arbeit an einer Präsentation verstanden werden, die einen nach außen hin vertritt, sondern als Möglichkeit, die eigenen Beweggründe, Themen und Vorgehensweisen noch genauer kennenzulernen. Die genaue Kenntnis dessen verbessert eine selbstkritische Einschätzung nicht nur der eigenen

Handlungsmöglichkeiten und deren Grenzen, sondern auch der eigenen Potenziale und Ziele.

Versteht man diesen Klärungsprozess als Klärung der eigenen Position als Marke, kann man folgenden Dreischritt verwenden:

- Die Frage nach dem Warum steht im Mittelpunkt der Vermittlung.
- Das Wie offenbart die strategischen Bemühungen, dieses Warum in die Welt zu bringen.
- Das Was ist letztlich das dabei entstehende Produkt, welches durch das Warum gerechtfertigt ist.

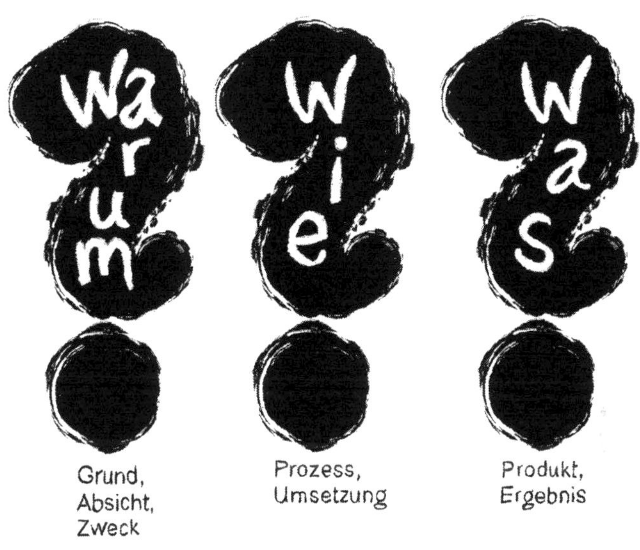

Abbildung 14: Illustration der Warum-Wie-Was Markenbefragung

Der Weg zu diesem Bewusstsein erfordert eine untersuchende Befragung von folgenden Punkten:

- **Selbstklärung**: Was sind meine Werte und Kompetenzen? Was bringe ich mit? Was ist meine Selbstbeauftragung und die damit zusammenhängende Berufsentscheidung?
- **Feldrecherche und Passung**: Wie kann ich die Berufsfeldrecherche als Orientierung gestalten und gleichzeitig dazu einsetzen, Netzwerke

aufzubauen und fortlaufend zu nutzen? Welches Berufsfeld hat welchen Bedarf und welche Anforderung? Was davon kann ich erfüllen? Wie kann ich mein Arbeitsumfeld mitgestalten?

- **Selbstpräsentation**: Wie kann ich meine gefundene Positionierung aussagekräftig vermitteln? Was macht eine gute Präsentation aus? Wie kann ich meine Ich-Marke (Personal Branding als Experte) im authentischen Sinne entwickeln und nutzen?

Nachhaltige Selbstsorge

Unter diesem Stichwort Selbstklärung gibt es verschiedene Aspekte zu beachten:

- **Eigene Werte, Sinnhaftigkeit**: Das berufliche Ideal baut auf dem auf, was deine Grundwerte im Leben sind und was du dementsprechend als sinnhaft empfindest. Dieses sinnvolle Gefühl ist zusammen mit deinen Werten bestimmend für deine Wahrnehmung und handlungsleitend für dich. Je bewusster du dir deiner Werte bist, desto klarer kannst du deine Handlungen ausrichten und in dem Kontext verorten, indem du dich im Laufe der Zeit beheimaten willst.

Übung: **Ressourcenbergung**

Ziel: Diese Übung dient dazu, dir deiner Ressourcen bewusst zu werden, und sie als dir in vielen Situationen zur Verfügung stehendes Werkzeug in dein Handlungsrepertoire aufzunehmen. Die Übung soll dir nicht nur deine Ressourcen und Kompetenzen vor Augen führen, sondern dir auch den Transfer auf andere Zusammenhänge erleichtern.

1. Geht zu zweit zusammen.
2. Erzähl der anderen Person zwei Situationen aus deinem Leben, in denen dir etwas gut gelungen ist. Das kann aus einem beliebigen Zusammenhang sein. Wichtig ist nur, dass du selbst findest, dass du die Situation gut bewältigt hast.
3. Die zuhörende Person spiegelt dir dann von außen mit Worten, was sie als deine Stärke, deine Ressource oder Kompetenz herausgehört hat.
4. Wechselt dann die Rollen und wiederholt die Schritte.
5. Reflexion: Schreibe dir Stichworte auf, zu dem, was du gehört hast und überlege, in welchen beruflichen Situationen dir das Herausgearbeitete helfen kann.

- **Ressourcen, (biografische) Potenziale und Kompetenzen**: Ressourcen fallen einem selbst meist nicht auf, da man sie für gegeben hinnimmt. Oft hilft erst ein Blick von außen – vorzugsweise von einer wohlwollenden Person, die dich gut kennt.

Ressourcen betreffen nicht nur Fähigkeiten, sondern sie können auch materieller und sozialer Natur sein, wie z.B. Räumlichkeiten, Geld, Verbindungen, Unterstützende, etc. Es ist empfehlenswert, sich seine Ressourcen aufzuschreiben. Der Blick darauf wird immer wieder überlagert von den selbst empfundenen Mankos, so dass man für die eigene Handlungsenergie nicht mehr aus der Fülle schöpfen kann. Wenn du deine Ressourcen einsetzt und darauf aufbauend agierst, kannst du Kompetenzen ausbilden, die irgendwann so sehr zu dir gehören, dass du sie auch als deine Ressource verbuchen kannst.

Wichtig ist, diesem Kompetenzzuwachs nicht als Leistungsanspruch hinterherzulaufen – was leicht passieren kann in einer Kultur, die alle Lebensbereiche an dem Kriterium der Kompetenzgewinnung misst – sondern als Ausbau und Entfaltung dessen, was du schon mitbringst. So stellst du sicher, dass es mit dir und deiner Persönlichkeit zu tun hat und nicht mit ausschließlich deiner Leistung. Wichtig ist auch, den Kompetenzgewinn nicht nur an der Arbeitswelt auszurichten. Um leistungsfähig zu bleiben, bedarf es eines Gleichgewichts der verschiedenen Bereiche in deinem Leben, was mit dem Begriff Work-Life-Balance gemeint ist. Ausgehend

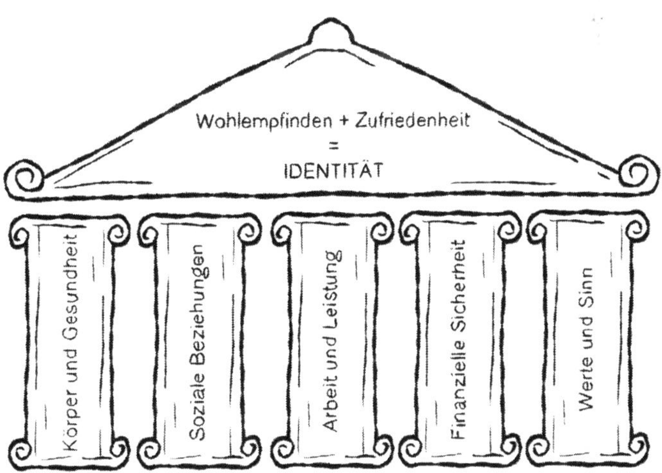

Abbildung 15: Illustration des Säulenmodells nach Petzold

vom Modell der „Fünf Säulen der Identität“ (Petzold 2004) wird klar, dass es ein Gleichgewicht zwischen den Säulen, die ein zufriedenes Leben ausmachen, braucht. Ist eine Säule nicht stabil, kann sie zwar durch die anderen mitgetragen werden, verlagert aber dein Selbstverständnis auf die anderen Säulen, was die Tragfähigkeit deiner Identität instabiler macht.

- **Motivation:** Die Motivation speist sich aus dem Warum und wird angetrieben von einem Wohin. Sie ist die Gesamtheit aller Beweggründe, warum ein Mensch das tut, was er tut. Es gibt keinen stärkeren Antrieb als den einer intrinsischen Motivation. Diese ist abhängig von den eigenen Werten und der damit empfundenen Sinnhaftigkeit. Gleichzeitig wird sie gesteuert durch Interesse an einer Sache und durch den Spaß an der Tätigkeit. Das Maß der intrinsischen Motivation beeinflusst nicht nur die Lernbereitschaft, sie ist auch Voraussetzung für Kreativität und flexibles Denken.

Da es Arbeitszusammenhänge gibt, die einfach nur erledigt werden müssen und sich bei bestem Willen nicht intrinsisch motiviert angehen lassen, sei hier eine Entscheidungshilfe gegeben.

Die Entscheidungsbasis, ob man einen Auftrag annimmt, sollte drei Kriterien gerecht werden:

Man sollte die Sache

4. lieben oder Spaß daran haben,
5. etwas dabei lernen und
6. gut dafür bezahlt werden.

Mindestens zwei dieser Faktoren sollten bei einer Auftragsbearbeitung erfüllt sein. Am besten, auch für die Motivation, ist es natürlich, wenn alle drei Kriterien erfüllt sind.

Da Motivation zum anderen durch das ‚Wohin‘ getrieben wird, ist es wichtig, ein Ziel zu haben und/oder eine Vision zu entwickeln. Wie das Schritt für Schritt gelingen kann, wird im Folgenden noch beschrieben. Um nun den Weg zu einem erfüllenden Arbeitszusammenhang zu beschreiten, sind im nächsten Abschnitt mehrere Schritte aufgeführt, die es zu beachten gilt. Gelingende Selbstsorge manifestiert sich in einer Widerstandsfähigkeit, der Resilienz. Dieser Zusammenhang und die damit zusammenhängenden Bewältigungsstrategien sind die konkreten Maßnahmen, die du aus den übergeordneten Selbstsorge-Dimensionen der oben beschriebenen Werten, Ressourcen und Motivationen ableiten kannst. Um akuten Stress als Künstler oder Gestalterin effektiv zu bewältigen und deine Resilienz zu stärken, kannst du verschiedene Coping-Strategien anwenden.

Beginnen wir mit **problemorientierten Strategien**. Wenn du mit einer Herausforderung wie einer knappen Deadline oder einer kreativen Blockade konfrontiert bist, ist es wichtig, einen Schritt zurückzutreten und die Situation zu strukturieren. Erstelle einen Aktionsplan, indem du das große Problem in kleine, überschaubare Aufgaben aufteilst und dir für jede Aufgabe realistische Ziele setzt. Wenn nötig, zögere nicht, um Aufschub zu bitten oder Unterstützung von Kolleg:innen oder Freunden zu suchen. Dieser methodische Ansatz hilft dir, das Problem effektiv anzugehen und die Kontrolle über die Situation zurückzugewinnen.

Im Gegensatz dazu konzentrieren sich **emotionsorientierte Strategien** darauf, deine Gefühle in den Griff zu bekommen. Wenn du dich überwältigt oder frustriert fühlst, versuche, Techniken anzuwenden, die deine Gefühle beruhigen. Das können tiefe Atemübungen, progressive Muskelentspannung oder eine kurze meditative Pause sein. Solche Praktiken helfen dir, dich zu beruhigen und deine Gedanken zu ordnen, sodass du deine Aufgaben mit einer frischen Perspektive angehen kannst.

Auch **soziale Strategien** spielen eine wichtige Rolle. Der Austausch mit anderen in deinem Bereich kann eine Quelle der Inspiration und des Trostes sein. Ob es sich um gemeinsame Kaffeepausen, Treffen in Künstlerateliers oder Online-Diskussionen handelt. Der Austausch von Erfahrungen und das Teilen von Herausforderungen mit Gleichgesinnten kann neue Perspektiven eröffnen und dir zeigen, dass du nicht allein bist.

Schließlich kann ein **Perspektivwechsel** ein wirksames Mittel sein, um mit schwierigen Situationen umzugehen. Wenn du dich entmutigt fühlst, versuche, die Situation aus einer anderen Perspektive zu betrachten. Vielleicht ist das Problem, auf das du stößt, nur ein vorübergehendes Hindernis auf deinem kreativen Weg. Wenn du deine Perspektive änderst, wirst du erkennen, dass jede Herausforderung auch eine Chance für Wachstum und Entwicklung ist.

Wenn du diese Strategien in deinen Alltag integrierst, wirst du nicht nur in der Lage sein, mit akutem Stress umzugehen, sondern auch deine allgemeine Widerstandsfähigkeit als Kreativprofi zu stärken.

Feldrecherche und Passung

Nachdem du deine Ressourcen und Kompetenzen geklärt hast, gilt es, sie in Passung zu bringen zu dem Feld, in dem du aktiv werden möchtest. Dazu kannst du das Feld unter folgendem Fokus befragen:

- Welche Kompetenzen braucht es für das Berufsbild?
- Wie passt das Arbeitsumfeld zu meinen Stärken?
- Was braucht das Feld von mir?

Das, was Berufsfelder an Stellenangeboten ausschreiben, deckt sich selten genau mit dem, was man selber einbringen kann. Das eigene Profil ist meist sehr viel heterogener und setzt sich aus den unterschiedlichsten Aspekten zusammen. Es ist also sinnvoll, erst diese ganz individuellen Aspekte benennen zu können und dann ein Feld zu suchen, das zumindest einige dieser Aspekte abdeckt.

Übung: **Welcher Beruf passt zu mir?**

Ziel: Diese Übung dient dazu, eine ganz persönliche Berufsbezeichnung zu finden, die es als ausgeschriebenen Beruf vielleicht (noch) gar nicht gibt, die aber ganz genau zu deinen Kompetenzen und Interessen passt.

1. Überlege dir, was dein bevorzugtes Einsatzgebiet ist. Schreibe es auf die Mitte eines Blattes.
2. Umringe das Einsatzgebiet mit je 5 Begriffen aus den folgenden Kategorien: 5 Stärken, die du dafür mitbringst; 5 Tätigkeiten, die du dort tun wirst; 5 Kontexte, Zielgruppen, Interessensgebiete, mit denen du noch arbeiten könntest
3. Verbinde immer 3 Begriffe in jeweils einer Kategorie. Je nachdem, was du aufgeschrieben hast, könnte z. B. herauskommen: mitdenken (Stärke) + Ideen haben (Tätigkeit) + Bildung (Kontext) = ideenreiche Bildungsdenkerin.
4. Reflexion: Der gefundene Begriff ist noch kein Berufsbild, geschweige denn passt er auf eine Stellenausschreibung. Er gibt dir jedoch wichtige Hinweise, worauf du bei der Arbeitsfeldsuche achten solltest.

Exkurs: Die „Zukunftmaschine" bedienen

Die Positionierung als Marke in den Bereichen Kunst und Design ist ein wesentlicher Schritt zur Gestaltung der eigenen Zukunft. Diese Überlegung ist so wichtig, dass sie eine eingehende Betrachtung verdient: Wie denken wir über die Zukunft? Inspiriert von der Idee, die Zukunft als eine Art Maschine zu betrachten, können wir uns fragen, wie diese „Zukunftsmaschine" (Gaub 2023) funktioniert und wie wir sie steuern können.

In unserem Geist besitzen wir die außergewöhnliche Fähigkeit, in Gedanken in die Zukunft zu reisen. Diese Gedankenreisen ermöglichen es uns, im Hier und Jetzt Entscheidungen zu treffen und Pläne für unsere Zukunft zu schmieden. Häufig konzentrieren wir uns jedoch auf den Alltag und vernachlässigen dabei die langfristige Zukunftsplanung, die für die Verwirklichung unserer Träume und Ziele entscheidend ist.

Wir müssen verstehen, dass die Zukunft, auch wenn sie nicht direkt erfahrbar ist, genauso real ist wie die Vergangenheit und die Gegenwart. Unser Gehirn verarbeitet Gedanken über die Zukunft genauso intensiv wie Erinnerungen an die Vergangenheit. Dies zeigt, dass die Zukunft ein aktiver und kreativer Prozess im Hier und Jetzt ist und nicht nur eine abstrakte, ferne Vorstellung (ebd., 36ff). Ein wesentliches Element der Zukunftsgestaltung ist das Verständnis der Zusammenhänge zwischen Vergangenheit, Gegenwart und Zukunft. Unsere gegenwärtigen Erfahrungen und Erlebnisse bilden die Grundlage für unsere Vorstellungen von der Zukunft. Kreativität spielt bei der Gestaltung der Zukunft eine entscheidende Rolle. Sie ermöglicht es uns, über die Grenzen der gegenwärtigen Realität hinauszudenken und innovative Wege zu beschreiten. Dabei ist es wichtig, eine Balance zwischen divergentem Denken – dem freien Fluss von Ideen – und konvergentem Denken – dem Zusammenführen dieser Ideen zu konkreten Plänen – zu finden.

Die Zukunftsmaschine kann aber auch gestört werden, zum Beispiel durch übertriebene Ängste oder unrealistischen Optimismus. Diese emotionalen Verzerrungen können unsere Fähigkeit, effektiv über die Zukunft nachzudenken und zu planen, beeinträchtigen. Deshalb ist es wichtig, einen bewussten und reflektierten Umgang mit der Zukunft zu pflegen und sich von starren Vorstellungen zu lösen.

Die Metapher der „Zukunftsmaschine" (ebd.) eröffnet eine faszinierende Perspektive auf unser Verständnis und unsere Gestaltung der Zukunft. Hier eine Zusammenfassung der zentralen Gedanken aus den verschiedenen Abschnitten der „Gebrauchsanweisung" (ebd.) für diese Maschine:

Technische Daten - Was ist die Zukunft?

Die Zukunft ist mehr als nur eine Fortsetzung der Vergangenheit und der Gegenwart. Sie wird oft als linear und unwirklich angesehen, aber in Wirklichkeit ist sie ein flexibler und real erlebter Prozess. Unsere Vorstellung von der Zukunft wird von verschiedenen Gehirnbereichen geformt, die Entscheidungen, räumliche Orientierung und Emotionen steuern. Zukunft ist also ein kreativer Prozess, der im Hier und Jetzt stattfindet und stark von unseren Gedanken und Gefühlen beeinflusst wird.

Die Steuerelemente - Woraus besteht die Zukunft?

Die „Zukunftsmaschine" wird durch Elemente wie den „Einschaltknopf" (Planen und Träumen), die Vergangenheit, die Gegenwart und Kreativität aktiviert. Planung und Tagträume bilden den Startpunkt, wobei sowohl strukturierte Planung als auch freie Gedankengänge wichtig sind. Die Gegenwart dient als Bezugspunkt für Zukunftsprojektionen, während die Vergangenheit als Quelle für Lehren und Geschichten dient. Kreativität ist entscheidend, um über Vergangenheit und Gegenwart hinaus zu denken und neue, originelle Ideen zu entwickeln.

Inbetriebnahme - Wie die Zukunft funktioniert

Die Zukunftsmaschine verfügt über Mechanismen wie relative Sicherheit, Schreckensszenarien, die Fähigkeit, sich das Beste vorzustellen, und den Umgang mit Überraschungen. Diese Funktionen helfen uns, mit der Unsicherheit und Unvorhersehbarkeit der Zukunft umzugehen. Sie ermöglichen es uns, Risiken abzuschätzen, optimistische Szenarien zu entwickeln und uns auf unerwartete Ereignisse vorzubereiten.

Sicherheitshinweise - Was die Zukunft bedroht

Die Zukunftsmaschine kann durch extreme Denkformen wie Katastrophendenken, Wunschdenken oder die Illusion von Gewissheit gestört werden. Diese Denkweisen führen zu einer verzerrten Wahrnehmung der Zukunft und verhindern eine realistische und effektive Planung. Es ist wichtig, ein Gleichgewicht zwischen Hoffnung und realistischer Einschätzung zu finden.

Troubleshooting - Wenn die Zukunftsmaschine streikt

Manchmal kann die Zukunftsmaschine komplett ausfallen, was zu Orientierungslosigkeit führt. In solchen Fällen ist es wichtig, veraltete Visionen zu aktualisieren, sich mit unsichtbaren oder unangenehmen Zukünften auseinanderzusetzen und die Flut der verfügbaren Optionen zu bewältigen. Es geht darum, eigene Zukunftsbilder zu entwickeln, die unseren wahren Wünschen und Zielen entsprechen.

Die Zukunftsmaschine ist ein mächtiges Werkzeug, das uns hilft, die Zukunft nicht nur zu verstehen, sondern sie auch aktiv zu gestalten. Die Balance zwischen Planung und Kreativität, die Auseinandersetzung mit der Gegenwart und der Vergangenheit sowie das Bewusstsein für mögliche Störungen ermöglichen es uns, effektiver in die Zukunft zu blicken und sie nach unseren Vorstellungen zu gestalten. Die Gestaltung unserer Zukunft ist eine komplexe Aufgabe, die sowohl bewusste Planung als auch kreative Freiheit erfordert.

Das Ziel konkretisieren

Mit fortschreitender Selbstklärung und Positionierung kommt der Zeitpunkt näher, an dem du losgehen kannst. Dazu solltest du ein Ziel formulieren und einen Plan entwickeln, wie du dahin kommst. Die Formulierung eines Ziels sollte für dich attraktiv sein und es sollte vor allem sinnvoll sein. Nur wenn es eine Strahlkraft auf dich ausübt, wird es dich auch dorthin ziehen. Folgende Übung kann dir bei der Konkretisierung helfen.

Übung: **Meinen Weg konkretisieren**

Ziel: Mit dieser Übung kannst du deine Werte und Interessen klarer benennen und sie in deine Lebensplanung mit einbeziehen. Arbeit und Leben, Berufsfeld und das Selbst sollten keine getrennt gedachten Bereiche sein, da eines ins andere greift. Wenn man im Beruf nicht zufrieden ist, wird man es kaum im Leben sein können. Dazu braucht es ein gutes Zusammenspiel von beiden, bei dem sie sich ergänzen oder deckungsgleich sind.

1. Beantworte zwei Fragen mit jeweils mindestens 5 Zeilen, die du dort erreichen willst:
   - Warum bin ich in diesem Beruf, bzw. will ich dort sein? (z.B. die Welt neu erfinden, viel Freizeit haben, Karriere machen etc.)
   - Was will ich im Leben erreichen? (z.B. Menschen helfen, Familie gründen, die Welt sehen etc.)
2. Sortiere beide Listen nach Wichtigkeit.
3. Überprüfe deine Lebens- und Arbeitszusammenhänge: Wo stimmen sie mit deinen Zielen überein? Wo besteht Optimierungsbedarf?
4. Tipp: Um einen besseren Überblick zu bekommen, kannst du aus der Vogelperspektive auf dich schauen und diese Perspektive immer mehr erweitern: du als Angestellte:r, als Kreative:r, als Teammitglied, als Akteur:in einer Branche, als Teil eines Weltmarktes, du als Mensch.
5. Reflexion: Wie kann ich meinen Interessen und Werte in meinem Leben und meinem Beruf mehr Raum geben? Wie kann ich dafür sorgen, dass sich die Bereiche gegenseitig ergänzen?

Den Weg planen

Um einen Berg zu besteigen, bedarf es vieler kleiner Schritte. Sich die Vielzahl der Schritte und ihre Machbarkeit immer wieder bewusst zu machen, mindert die Angst beim Blick auf das hochgelegene Ziel. Mit folgender Übung kannst du die Schritte deiner beruflichen Reise konkret vorstellbar und bewältigbar werden lassen:

Übung: **Reiseüberblick**

Ziel: Du kannst dir bewusst machen, wie deine Reise verlaufen ist und was du alles schon geschafft hast.

1. Versetze dich in die Position, in der du dein Ziel erreicht hast. Beschreibe möglichst genau, was du erreichen willst. Du kannst das schriftlich machen, oder auch mündlich, wenn du die Übung mit einer Partnerin oder einem Partner machst.
2. Blicke von dort aus zurück auf den Weg und auf die einzelnen Etappen, die du zurückgelegt hast, um hierher zu kommen.
3. Notiere die gemachten Schritte auf einzelne Papiere und schreibe dazu, was du konkret getan hast, um sie zu bewältigen. Benenne auch mögliche Hürden, die aufgetaucht sind und die du überwunden hast.
4. Reflexion: Wo bin ich losgegangen? Welche Strecke habe ich geschafft? Was hat mir geholfen, die Schwierigkeiten zu überwinden? Wo stehe ich heute?

Zweck der Übung: Wenn ich den Punkt, an dem ich mich befinde, als Ergebnis eines Weges begreife und sehe, was ich (und andere) alles dazu beigetragen habe, dann wird es auch vorstellbarer, weitere Ziele anzugehen und zu erreichen.

Kein Bergsteiger und keine Bergsteigerin wagt sich alleine an einen hohen Berg. Kein Zugvogel macht sich alleine auf die lange Reise in den Süden oder Norden. Der Verbund mit anderen bietet nicht nur ein Sicherheitsnetz, sondern verbessert auch die Leistungsfähigkeit der gesamten Gruppe. Es ist also sinnvoll, sich selbst nicht als Einzelkämpfer:in zu begreifen, sondern als Teil von Systemen.

Sich selbst als Teil von etwas zu begreifen, bedeutet nicht, dass man sich auf einen Bereich fokussieren muss. Man kann ruhig in verschiedenen Systemen agieren und sich dadurch mehrere Standbeine sichern. Ein Sicherheitsnetz besteht aus vielen Knoten. Wenn ein Knoten sich löst, gibt es immer noch andere Knoten, die das Netz halten. Das gibt eine Grundsicherheit, die einen mutiger nach vorne schreiten lässt.

Ein Netz ist jedoch nie fertig. Wie ein Fischer seine Netze immer überprüft und repariert, sollte das eigene Netz immer weiter geknüpft werden. Das verlangt ein ständiges Offensein für mögliche Veränderungen. Bei Netzen wird in der Regel nur an berufliche Netze gedacht. Ein Netz besteht jedoch aus Komponenten aus mehreren Bezugssystemen, die jeweils ein ganz persönliches Unterstützungssystem bilden. Um dieses überhaupt erstmal zu benennen, schlägt Martina Nohl in ihrem Buch „Micro-Inputs Veränderungscoaching" (Nohl 2016, 86) folgende Übung vor:

Übung: **Mein persönliches Unterstützungssystem**

Ziel: Ein Unterstützungssystem besteht aus vielen Faktoren, die man nicht unbedingt alle im Blick hat, weil man sie als selbstverständlich nimmt oder sich scheut, darauf zuzugreifen. Es gilt, erst einmal einen Überblick zu gewinnen, woraus das persönliche Unterstützungssystem besteht. Wenn du weißt, wer und was dein Unterstützungssystem ausmacht, kannst du deinen Unterstützungsbedarf auf viele unterschiedliche Schultern und Faktoren verteilen.

1. Unterteile einen Kreis in verschiedene Segmente und schreibe deine Namen in die Mitte. Füge die Frage, zu der du Unterstützung brauchst, dazu. Die Segmente des Kreises stehen für verschiedene Bereiche, aus denen du Unterstützung erhalten könntest: Freunde, Kolleg:innen, Familienmitglieder, Vorbilder, Mentoren, Peers, etc.
2. Lasse ein Segment mit Fragezeichen offen für unvorhergesehene Unterstützung. Trage nun alle Personen ein, die dir einfallen. Die Gesamtheit des Kreises ist dein individuelles Unterstützungssystem. Man könnte auch sagen, es handelt sich um soziale Ressourcen, die du nutzen kannst.
3. Es ist wichtig, dass du klar ausdrückst, welche Unterstützung du brauchst. Laut dem Konzept von ‚Planned Happenstance' erhöhst du so die Chancen, die gewünschte Hilfe zu erhalten. Diese Theorie wurde 1999 von Mitchell, Levin und Krumbholz in der Karriereberatung entwickelt. Sie besagt, dass scheinbar ‚zufällige' Ereignisse wahrscheinlicher eintreten, wenn du dich innerlich darauf vorbereitest, Chancen zu erkennen und zu ergreifen. Die Forscher haben fünf Einstellungen identifiziert, die das Eintreten von ‚Planned Happenstance' fördern: Sei neugierig, bleib hartnäckig, sei flexibel, bleibe optimistisch und sei bereit, Risiken einzugehen."
4. Reflexion: Überlege, welche Faktoren oder Menschen du in deinem Unterstützungssystem noch zu wenig beachtet hast und wie du sie nutzen könntest.

Profilbildung und Vita

Wie weiter oben schon besprochen, ist die eigene Profilbildung vergleichbar mit einer Markenbildung. Man spricht sogar von Human Branding oder vom Kreieren einer Ich-Marke. Eine in diesem Sinne entwickelte Profilbildung baut auf 5 Eigenschaften auf:

1. Klarer Markenkern

Dein Markenkern besteht aus deinen Fähigkeiten, Stärken, Wissen und Werten. Doch Vorsicht: Versuche nicht, alles zugleich sein zu wollen. Stehe für etwas, aber nicht für alles. Man kann nicht gleichzeitig superkreativ und Kundenversteherin sein, oder strukturiert und Sponti vom Dienst sein.

2. Konsistente Entscheidung

Wenn du selbst weißt, was du vertrittst, bist du auch für andere gut und vor allem verlässlich einzuschätzen. Wenn du weißt, wofür du stehst, sprich was du gut kannst, dann weißt du auch, was du nicht kannst. Diese Potenziale und Grenzen solltest du auch dem Kunden oder der Kundin verlässlich kommunizieren. Es geht darum, sich auf die Erwartungen des zu dir passenden Kunden zu konzentrieren und eine gute Beziehung aufzubauen, zu halten und zu stärken. Dazu gehört selbstverständlich auch, dass du gemachte Versprechen einhalten kannst.

3. Kontinuität in der Wahrnehmung

Hier ist Authentizität das wichtigste Stichwort. Selbstmarketing, das nicht auf einem authentischen Markenkern gründet, ist eine Schaumschlägerei und wird als solche wahrgenommen. Dennoch entsteht eine Ich-Marke immer im Kopf der anderen. Dein Verhalten, Körpersprache, Sprache, Stimme und Kleidung sind Transporteure, aus denen deine Umwelt auf deinen Markenkern schließt.

Nutze dafür die OLALA-Regel:

- Ordentliche Erscheinung,
- Lächeln,
- Aufrechte und geerdete Haltung,

- Lebendig,
- Augenkontakt

4. Erwartungskonform

Eine Marke ist ein Versprechen. Karrierechancen hat dabei nur der, dessen Stärken auch gebraucht werden. Hier sei an die weiter oben besprochene Passung von Fähigkeiten und Bedarf erinnert. Damit andere wissen, was du zu bieten hast, musst du sie darüber informieren. Es gilt: Tue Gutes und sprich darüber. Benenne deine Stärken und bringe sie systematisch und nutzbringend ein. Halte dich dabei an dein durch die Marke kommuniziertes Versprechen, um die gute Kundenbeziehung nicht aufs Spiel zu setzen.

5. Eindeutig

Du solltest einen Wiedererkennungswert haben, der sich in einem klaren Look & Feel ausdrückt. Du kannst die Tatsache nutzen, dass der weitaus größere Teil an Information auf unbewusster, emotionaler Ebene empfangen wird. Deswegen kann dein Statement, dein Pitch durchaus sehr persönlich und ideell sein. Analog zum Aufbau einer Marke solltest du dich als Marke von innen (Warum und Wie) nach außen aufbauen (Was). Z.B. wird jedes gesunde Lebensmittel, das beworben wird, mit dem Warum (gesund) und dem Wie (kaufen und essen) zum Was (das Lebensmittel) angepriesen.

Vita-Erstellung

Deine Ich-Marke wird durch deine Biografie bestätigt. Diese sollte also im Sinne eines Storytellings aufgebaut und von dir selbst als Pitch abrufbar sein, ohne dabei zu fabulieren. Damit in deiner Wahrnehmung dein biographischer und dein Bildungsweg kongruent mit dieser Story ist, wird hier empfohlen, auf deine Laufbahn mit folgendem Schema zu schauen:

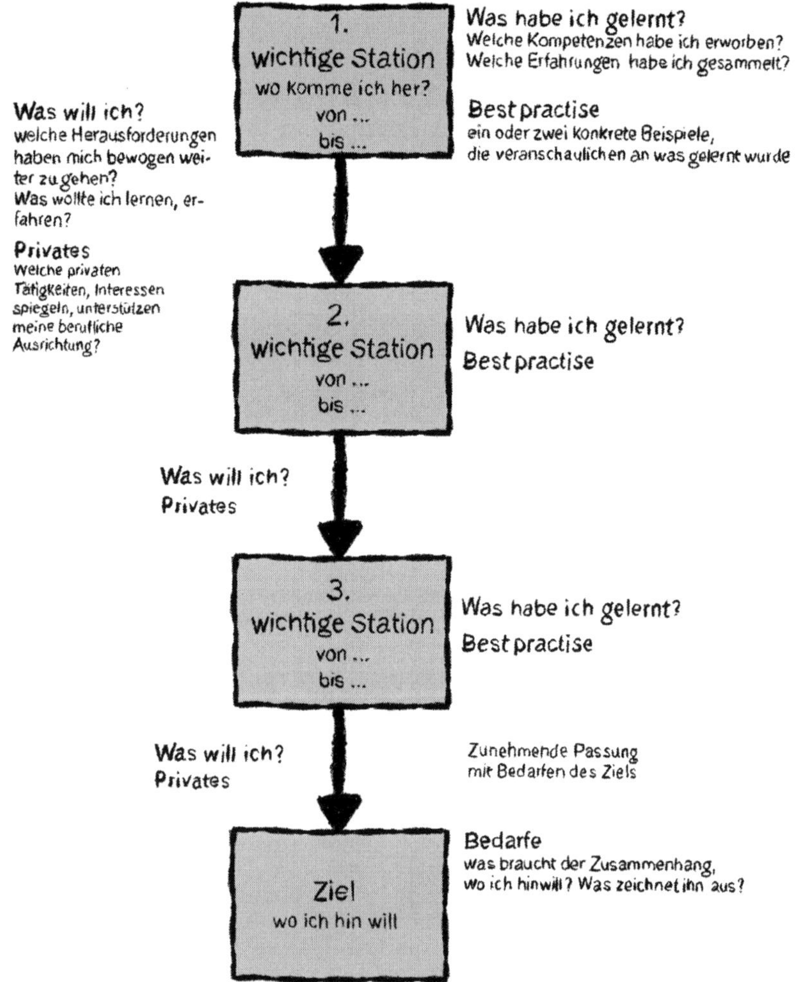

Abbildung 16: Illustration des Laufbahnschemas. Quelle: Der Aufbau dieses Schemas ist nach dem Vorbild von Martina Nohl (Nohl, 2016) abgeändert.

Der Sinn und Zweck dieses Laufbahnschemas ist es, die Brüche, Rückschläge und Misserfolge in deiner Laufbahn nicht als solche stehenzulassen, sondern sie insbesondere in deiner eigenen Wahrnehmung als Lernereignisse abzuspeichern, die es dir ermöglicht haben, die nächste Herausforderung anzunehmen. Der Blickwinkel des Laufbahnschemas ermöglicht es auch, den roten Faden im eigenen Lebensweg zu erkennen. Eine Besonderheit nimmt der letzte im Schema angeführte Punkt, das Ziel, ein. Hier kann viel von deiner Vision eines idealen Arbeitsumfeldes einfließen. Gleichzeitig sollte es an der realen Zielgruppe, bzw. dem Bedarf des Marktes orientiert sein. Es sei dringend empfohlen, dieses Laufband-Schema schriftlich anzufertigen. Nicht weil es für die Kommunikation nach außen gedacht ist, sondern weil es deine Selbstwahrnehmung von einer am Mangel orientierten zu einer ressourcen- und kompetenzorientierten Wahrnehmung werden lässt. Aufbauend auf dieser Grundhaltung ist die Erstellung einer Vita und/oder eines Motivationsschreibens eine leichte Sache. Die Formalitäten, die es dabei zu beachten gibt, kannst du im Internet recherchieren.

Zwei interessante Webseiten mit Fragen rund um die Bewerbung, vielen Videobeispielen und Buchtipps sind

- https://www.bewerbungswissen.net/
- https://www.berufsstrategie.de/bewerbungstipps.php (Abgerufen am 24.11.2023)

Selbstpräsentation persönlich und mit Portfolio

Die Herausforderung bei der Präsentation liegt u.a. in der Wahl des Kanals, den man für den Gang an die Öffentlichkeit wählt. Es gibt eine ständig wachsende Anzahl an Social-Media-Kanälen, Kampagnenformen und Kontaktpunkten. Jeder Kanal erfordert andere mediale technische Eigenheiten. Für welchen Kanal du dich entscheidest, hat damit zu tun, wo sich deine Zielgruppe aufhält. Um die in der Feldrecherche angeschnittene Marktanalyse wirst du also schwerlich herumkommen. Wenn du auf verschiedenen Kanälen präsent wirst, achte auf die Konsistenz deiner Marke. Egal, für welchen Kanal du dich entscheidest, die Selbstpräsentation baut immer auf einer gründlichen Selbstklärung auf, die wir hier schon besprochen haben. Dein Markenkern sollte authentisch deiner Persönlichkeit entsprechen, was bei persönlichen Präsentationen bedeutet, dass deine innere Haltung kongruent ist mit deinem äußeren, handelnden Auftritt. Wenn du deine Selbstpräsentation planst, solltest du dich an 3 Fragen orientieren:

- **Wer bin ich?** Sichtbar werden sollte deine Persönlichkeit und die Folgerichtigkeit, mit der du deine biografische Laufbahn bis an den heutigen Punkt geführt hast. Benenne auch deine Werte, wenn diese in Zusammenhang mit dem Arbeitsauftrag oder deinem Projekt stehen. Doch Vorsicht: Werde nicht zu ausschweifend. Obwohl die persönliche Akzeptanz die Grundvoraussetzung dafür ist, dass dein Gegenüber deine weiteren für dich sprechenden Argumente akzeptiert, solltest du auf Knappheit und Prägnanz achten.
- **Was kann ich?** Was sind deine Soft- und Hardskills? Hier sollten sich deine Fach-, Sozial- und Persönlichkeitskompetenz ablesen lassen. In einem Portfolio, das als Thema weiter unten noch erläutert wird, zeigt sich das anhand der Arbeitsbeispiele und Referenzen.
- **Wo will ich hin, bzw. wie nutze ich dem Unternehmen?** Berücksichtige die Ausschreibung, den Kontext. Achte darauf, dass deine Kompetenzen und Eigenheiten mit dem Bedarf des Arbeitszusammenhangs übereinstimmen. Begründe auch deine Entscheidung für die von dir angestrebten Berufsfelder und den Bedarf, den du in diesem Feld siehst.

Selbstpräsentation persönlich

Es ist ratsam, die Selbstpräsentation nicht nur in Gedanken durchzuspielen, sondern sie schriftlich festzuhalten und in einem Rollenspiel zu erproben. Strukturiere dabei deine Erkenntnisse über dich und deinen Weg und extrahiere die relevantesten Punkte. Entwerfe auf dieser Basis eine Selbstpräsentation, die max. 5 Minuten dauert.

Überlege dir, an wen sich die Präsentation richtet. Wer ist die Zielgruppe und was sind deren Interessen? Was willst du bei ihr erreichen? Wenn du nichts oder wenig über dein Publikum weißt, ist es gut, zu Anfang der Präsentation einen kurzen, persönlichen Kontakt herzustellen, aus dem sich Anhaltspunkte gewinnen lassen.

Wenn es darum geht, eine Zielgruppe für ein eigenes Projekt zu gewinnen, dann denke dich beim Vorbereiten in das Publikum hinein. Oft hat es keinen blassen Schimmer, was dich seit Wochen, Monaten, evtl. schon dein ganzes Leben lang beschäftigt. Fange, was die Informationen zu deiner

Arbeit angeht, bei Dingen an, die dir selbstverständlich oder offensichtlich erscheinen. Vorsicht: Gehe dabei nicht davon aus, das Gegenüber sei dumm, es ist nur darin, was dein Thema angeht, nicht informiert. Überlege: Was würde dir als Publikum gefallen? Was würde dich interessieren, neugierig machen und für die Gedankengänge und Pläne einer fremden Person öffnen? Denke und visualisiere dabei in Bildern, die anschaulich sind. Gebe deiner Präsentation einen Titel, der neugierig macht. Wenn du dich für einen Job vorstellst, solltest du dich aus der Perspektive des Auftraggebers oder der Auftraggeberin sehen. Damit steht im Mittelpunkt deiner Überlegungen, was du ihm oder ihr für sein oder ihr Projekt mitbringen kannst.

Wenn du darauf Einfluss hast, dann bereite den Raum vor, in dem du präsentierst: Kann jeder gut sehen? Stimmt das Ambiente und vor allem: funktioniert die Technik? Stelle dich zu Anfang der Präsentation kurz als Person vor, bevor du mit deiner Arbeit anfängst. Erläutere erst das Wesentliche deiner Arbeit, die große, grobe Struktur, bevor du in Details gehst. Stelle deine wichtigsten Impulse und Ideen vor, deine Methoden und Herangehensweisen, deine Ausrichtung und Visionen. Wenn du Thesen aufstellst, konkretisiere diese an Beispielen. Achte auf den roten Faden, denn nur was übersichtlich bleibt, vermittelt sich. Alles andere verwirrt oder kommt nur bruchstückweise an.

Versuche nicht, zu überzeugen, sondern neugierig zu machen und zu begeistern. Versuche auch bei gesprochener Rede nicht die Zuhörenden mit möglichst vielen Fremdwörtern von der Interessantheit deiner Arbeit zu überzeugen. Mindere den Wert deiner Arbeit aber auch nicht durch einen umgangssprachlichen Jargon.

Wenn du in der Gruppe vorträgst, achte auf das Zusammenspiel innerhalb der Gruppe: Ergänzen sich die Beteiligten? Vertritt jede Person den Bereich, in dem ihre Stärke liegt? Treten sie als Team auf, das am selben Strang zieht?

Reagiere sensibel auf Stimmungsänderungen im Publikum. Lasse evtl. Nachfragen zu oder wiederhole Grundinformationen. Wenn gegähnt wird, fasse dich prägnanter. Verwende multimediale Informationsvermittlung mit einer ausgewogenen Balance an Bildern, Schrift und Wort. Stelle Blickkontakt mit dem Publikum her, achte auf deine Körpersprache und dein Erscheinungsbild. Vermittle deinem Publikum das Gefühl, dass du es wahrnimmst in seinen Bedürfnissen nach wichtiger, interessanter, verwertbarer Information.

Das Portfolio

Obwohl hier ein gedrucktes Portfolio beschrieben wird, lassen sich alle Punkte auch auf ein online präsentiertes Portfolio anwenden. Je nach Kanal und besonderen medientechnischen Erfordernissen muss dann jedoch die Struktur und die Benutzerführung anders durchdacht und angelegt werden. Aufgrund der Ausführlichkeit des Themas, ist hier nur eine Liste mit Punkten angeführt, auf die ein Portfolio hin befragt werden sollte. Zu jedem dieser Punkte wirst du umfangreiche Informationen in Ratgebern und Anleitungen finden.

- **Form** Struktur und roter Faden, Übersichtlichkeit der Seiten, Navigationselemente, Umfang, Abfolge, Leserichtung, Orientierung grafische Umsetzung, Stil und Ausdruck
- **Medial** Print oder Online, analog oder digital, Wahl des passenden Mediums: statisches oder bewegtes Bild (Foto/Illustration, Video), Aussagen und Zusammenspiel Bild und Text, Regeln des Bildverstehens: wie nimmt der Betrachter oder die Betrachterin die Bildinformationen auf?
- **Inhalt** Aufbau und Verständlichkeit zugrunde liegender Ansatz, Idee, These, Kernaussage, der rote Faden, Absicht, Ziel Kontext, Bezüge und Spannungsbogen der Beispielabfolge, Authentizität: Eigenständigkeit der Reflexion, Forschungswille, Überzeugungskraft
- **Prozessdarstellungen** Aufbau der Phasen, Erkenntlichkeit und Resultate der Handlungsschritte, Entwicklungspotenzial der Arbeiten, Reflekxion der Abfolge, Erkenntnisgewinn
- **Metathemen** Anwendungszweck, Passung, Zielgruppe bestimmen Methodik und Handlungsorientierung, Transfermöglichkeiten und Abstraktionsmöglichkeiten der vorgestellten Arbeit, Handlungsaufruf, bzw. implizite Frage Aussicht, Fortsetzbarkeit, Entwicklungspotenzial, Grenzen der Darstellung erkennen
- **Personenrückbezug** Welche Informationen über dich als Person stellst du zur Verfügung? Was scheint an Kompetenzen, an Stärken und Passung in Bezug auf den Auftragszusammenhang durch?

Regnose: Die Reise nach Quantopia

Zum Abschluss dieses Kapitels schlagen wir eine Reise vor. Dabei wird eine Kreativitätstechnik benutzt, die die Fähigkeit unseres Gehirns zur Assoziation und zum Erfinden von Geschichten nutzt. Damit geht es direkt los, lasst euch bitte auf folgende Erzählung ein:

In „Quantenwirtschaft" (Indset 2019) entsteht ein Szenario, das als „Quantopia" bezeichnet wird. Es repräsentiert eine Zukunft, in der künstliche Intelligenz (KI) und menschliche Intelligenz symbiotisch koexistieren. In dieser Welt werden die Herausforderungen von Ökologie, Superintelligenz und gesellschaftlicher Ungleichheit durch eine global vernetzte, bewusste und kooperative Wirtschaftsweise angegangen. Quantopia basiert auf dem Prinzip, dass alles miteinander verbunden ist. Es wird eine postmaterialistische, nachhaltige und zirkuläre Ökonomie gefördert.

In Quantopia würde ein umfassender sozialer und ökologischer Wandel stattfinden. Die Wirtschaft würde sich von Profitgier zu Kooperation und Dialog entwickeln, wobei Unternehmen voneinander lernen und branchenübergreifend zusammenarbeiten. Freiberufler und Freiberuflerinnen würden zunehmend in vernetzten Projekten tätig sein, ähnlich den Partikeln im Quantenfeld. Die Einführung eines universellen Grundeinkommens, die Wiederverwertung endlicher Ressourcen und die Umstellung auf zirkuläres Wirtschaften wären zentrale Elemente dieser neuen Wirtschaftsordnung. Dies würde dazu beitragen, materielle Grundbedürfnisse zu erfüllen, wodurch die Menschen sich auf Selbstverwirklichung und kreative Entfaltung konzentrieren könnten. In dieser Welt würden Vertrauen, Empathie und Solidarität das neue Kapital bilden und eine Gesellschaft fördern, die nicht nur das Individuum, sondern das Wohl der gesamten Gemeinschaft in den Mittelpunkt stellt.

Diese Vision von Quantopia bietet einen utopischen Kontrast zu den oft dystopischen Vorstellungen der Zukunft, die von Technologieabhängigkeit und Ressourcenknappheit geprägt sind. Indsets Konzept verdeutlicht, dass durch bewusstes Handeln und die Schaffung globaler Vereinbarungen eine positive und menschenfreundliche Zukunft gestaltet werden kann.

Übung: **Dein Weg nach Quantopia**

Ziel: Inspiriert von der Vision Quantopias lädt diese Übung dazu ein, eine „Regnose" zu entwickeln. Eine Regnose ist das Gegenteil einer Prognose: Statt in die Zukunft zu blicken, stellt man sich eine bereits eingetretene Zukunft vor und arbeitet rückwärts, um zu verstehen, wie diese Realität erreicht wurde.

Diese Übung zielt darauf ab, dein persönliches Potenzial als Künstler:in in einer utopischen Zukunft zu erkennen und zu reflektieren, welche Schritte du heute unternehmen kannst, um dieses Ziel zu erreichen.

1. Vision deiner Kunst in Quantopia: Stelle dir vor, es ist das Jahr 2050. Wie sieht deine künstlerische Arbeit in Quantopia aus? Welche Rolle spielt Kunst in dieser Welt? Wie trägt deine Kunst zur Gesellschaft bei?
2. Wichtige Entscheidungen: Rückblickend, welche Schlüsselentscheidungen hast du auf deinem Weg als Künstler getroffen, um in dieser Zukunft erfolgreich zu sein? Welche Projekte, Kooperationen oder Lernprozesse waren entscheidend?
3. Persönliche Ressourcen: Welche persönlichen Stärken, Fähigkeiten oder Überzeugungen waren essentiell für deine Entwicklung? Wie hast du Herausforderungen überwunden und deine Kreativität gefördert?
4. Reflexion und Austausch: Teile deine Gedanken und Visionen mit anderen Künstlern und Künstlerinnen. Diskutiert, welche Gemeinsamkeiten und Unterschiede es in euren Visionen gibt und was das über eure individuellen Ziele und Herausforderungen aussagt.

Diesen Weg in diese zugegebenermaßen weite Zukunft gehen wir nicht allein. Das pädagogische Grundprinzip besteht darin, dass wir immer mit und von anderen lernen. Umgekehrt wäre es etwas selbstherrlich, etwas für andere schaffen zu wollen, ohne deren Mitgestaltung und indirekten Einfluss zu berücksichtigen. Diese Werke wären rein selbstbezogen. Aber auch abseits dieser Beziehung zu anderen ist das Eingebundensein in Netzwerke ein Dreh- und Angelpunkt für die persönliche und berufliche Entwicklung, was in den vorangegangenen Kapiteln bereits angeklungen ist. Denn es sind die vielschichtigen und mehrdimensionalen Impulse aus dem zwischenmenschlichen und sozialen Bereich, die Einflüsse auf unser gestalterisches und künstlerisches Tun entfalten. Die Investition in diese Entwicklung und auch in die berufliche Weiterbildung ist daher ein Grundstein und der abschließende Gedanke des Kapitels „Ich bin Viele".

Ein Gespräch: Wer beauftragt wen und warum?

In diesem Gespräch treffen wir Dr. Niels Schröder, einen erfahrenen Illustrator mit dem Schwerpunkt Graphic Novels. Niels ist bekannt für historische Themen, die er in seinen visuellen Erzählungen aufgreift und darin komplizierte Sachverhalte für ein breites Publikum zugänglich macht. Als brillanter Erzähler und erfahrener Illustrator kann einen Einblick geben, wie man ein Auftragsprojekt zu seinem Projekt macht und am Markt platziert.

Christiane ten Hoevel: Niels, du bearbeitest oft Aufträge mit historischen Inhalten. Wie gehst du einen Auftrag an, der von außen kommt?

Niels Schröder: Bei einem Projekt ist es ratsam, es vom Ganzen zum Einfachen aufzubauen. Um einzusteigen, um langsam reinzukommen in ein Thema, hilft es mir, wenn ich mich einzeichne. Wie beim Sport, wo ich auch zuerst ein Aufwärmtraining mache. Erstaunlicherweise ist der Spaß an einer Sache ein wichtiger Faktor, um einem Auftrag näher zu kommen. Es gibt sowohl den Spaß im Sinne von Vorfreude, einhergehend mit einer Offenheit für etwas, als auch den Spaß aus Freude am Tun. Das kann Interesse am Thema oder dessen Sinnhaftigkeit sein, aber auch den Spaß an einer bestimmten Technik. Dabei hilft als Vorbereitung ein Arbeits- oder Ideenbuch als Ort der Sammlung, als erstes Ausprobieren von Ideen in Skizzenform, eine Art Laboratorium für erste Versuche. Das ist eine stufenweise Annäherung, die von Assoziationen, über Ideenimpulsen bis zu analytischem Durchdenken führen kann. Durch den Spaß am Tun, das sich in Bewegung setzen, kommt man dann oft auf neue Ideen. Das ist eine prozessorientierte Vorgehensweise, die erstmal noch nicht zu sehr an das Endergebnis denkt.

Die ideale Situation ist dann natürlich, wenn das eigene Thema matched mit dem Thema der Beauftragung. Das hilft deswegen, weil ich dann eine innere Substanz in der Thematik habe. Das stärkt die intrinsische Motivation.

Ein Projekt muss immer auch eine Herausforderung sein, die aber an unterschiedlichen Punkten liegen kann: etwas Neues schaffen und dabei auch etwas lernen, einen Bedarf der Zielgruppe befriedigen, oder eben den eigenen Spaßfaktor befriedigen.

Christiane ten Hoevel: Wie gehe ich damit um, wenn ich keine Verbindung zum beauftragten Thema habe? Wie passt die innere Substanz zu Anforderungen und Aufträgen, die von außen kommen? Wie kann ich da lösungsorientiert vorgehen?

Niels Schröder: Gut ist es, sich ein Netzwerk für seine Interessen zu schaffen, das den eigenen Alleinstellungsmerkmalen entgegenkommt. Ein Umfeld, in dem man ähnlich schwingt und das einen wie eine Batterie aufladen kann.

Um das Eigene, also Dinge wie Haltung, Stil, Thema oder eine methodische Umgangsweise damit möglichst klar vertreten zu können, ist es wichtig, immer wieder eigene Projekte zu machen, in denen man selbst Regie in allen Entscheidungen führen kann. Wenn das auf Interessen von außen trifft, ist es natürlich die glücklichste Situation. Wenn nicht, werden diese Projekte vielleicht von Auftraggebern gesehen, die dann sagen: Sowas will ich auch, aber mit meinem abweichenden Anwendungsziel, oder mit meinem Thema.

Für Kreative braucht es Mut, das Eigene, nicht von anderen Beauftragte umzusetzen. Aber es trägt einen auch durch Auftragsflauten, die man dann nutzen kann, um freie Arbeiten zu entwickeln. Man ist da ja sehr stark im Dialog mit sich selbst. Das wiederum stärkt meine innere Substanz ungemein, was dann in neue Aufträge einfließen kann.

Christiane ten Hoevel: Ich würde sagen, dass beim kreativen Schaffen drei Ebenen wichtig sind: das Wahrnehmen (Bild), das Reflektieren (Text) und das Handeln (Praxiserfahrung). Wie sprichst du diese drei Ebenen an?

Niels Schröder: Ja, diese drei Ebenen sehe ich auch so. Man nennt das ja auch visuelles Denken, dass man durch das Zeichnen oder Gestalten selbst neue Lösungen findet. Ich glaube, dass die Qualität des Ergebnisses darauf beruht, inwieweit man sich der Thematik vorher schon angenommen hat. Dazu kommt, dass man sich beim kreativen Arbeiten in einem fortwährenden Prozess befindet. Aufträge als Prozess zu betrachten, macht sie auch lustvoller, weil man selber noch nicht weiß, was dabei herauskommen wird.

Die eigenen Vorstellungen und Überzeugungen möglichst stark einzubringen, gelingt dann, wenn man das, was ich als innere Substanz bezeichnet habe, möglichst stark einbringen kann. Lyonel Feininger, der sowohl als Pressezeichner, Künstler und Lehrender gearbeitet hat, ist ein gutes Beispiel dafür, wie man beauftragtes, selbst beauftragtes und vermittelndes Tun vereinen kann. Etwas zu schaffen, bewirkt ja auch immer etwas im Außen. Diese beiden Seiten lassen sich in der Person des Kreativen gar nicht voneinander trennen.

Christiane ten Hoevel: Das bringt mich zu der Frage des eigenen Rollenverständnisses? Wer bin ich als kreative schaffende Dienstleisterin?

Niels Schröder: Je nachdem, was das wichtigste Anliegen eines Auftrags ist, nimmt man verschiedene Rollen ein: der Erklärer, der Vermittler, der Aufmerksamkeitserreger etc. Christoph Niemann sagt: Eigentlich muss ich das, was ich während des Schaffens erlebe, so intensiv erleben, dass es im Nachgang genauso intensiv für den Betrachter oder die Betrachterin zu erleben ist. Wenn ich also den Erlebnismoment selber habe, kann ich ihn auch anderen zugänglich machen. Das ist kein Talent, das vom Himmel fällt, sondern hat ganz viel mit regelmäßiger Übung zu tun. Es braucht eine regelmäßige Praxiszeit, in der man Dinge passieren lässt, aber auch viel von den eigenen Erfahrungen einbringt. Begabung ist also vielmehr ein besonderes Interesse für eine Sache. Demnach sind zwei Dinge wichtig: Die Schwerpunktsetzung und die Konzentration. Das ist besonders in beauftragten Zusammenhängen ein ziemlicher Balanceakt.

Wie man da ran geht, ist ganz unterschiedlich. Das ist bei dem einen eher das Konzeptionelle und beim anderen eher das Sinnliche. Es hilft an sich zu beobachten, was meine Herangehensweise und Stärke ist. Das ist ein fortwährender Prozess. Wie bei einem Wein, der über die Jahre immer mehr reift und dann sein Bouquet entfaltet. Oder mit einem Zitat von Goethe gesagt: Wer im Leben eine Pyramide bauen will, der muss ein breites Fundament anlegen. Dabei die eigenen Ressourcen bewusst wahrzunehmen hilft dabei, sie passgenau einsetzen zu können. Sich selbst richtig einschätzen zu können ist das, was man lernen muss.

Christiane ten Hoevel: Gibt es denn dann sowas wie Grenzen zwischen beauftragten und freien Arbeiten? Ist es nicht vielmehr ein interessengeleitetes Arbeitsengagement, das gleich gewertet werden kann? Etwa nach dem Motto: Ich setze mich da ein, wo mich etwas interessiert.

Niels Schröder: Ja, das ist das, was ich mit innerer Substanz meinte. Je mehr ich etwas durchdrungen habe und authentisch widerspiegele, desto wertvoller wird die Arbeit für andere. Ich mache anderen ein Angebot, etwas, was mich bewegt, auch zu erleben. Das berührt dann. Es ist dann auch egal, aus welchem Bereich jemand kommt. Diese Berührbarkeit ist was Intersubjektives. Man könnte es auch authentische Qualität nennen. Damit schränke ich den Kreis meiner Kunden und Kundinnen natürlich ein. Ich kann nicht alle bedienen, denn ich habe eine spezifische Haltung, die kein Gemischtwarenladen ist, wo sich jeder bedienen kann. Du gibst dir deinen Wert dabei selbst. Das erfordert Standing, Durchhaltevermögen und Disziplin. Und es erfordert ein schützendes Umfeld, das diese Haltung möglich macht. Das kann finanzieller und sozialer Natur sein.

Christiane ten Hoevel: Was sind Gründe für Erfolg oder Scheitern?

Niels Schröder: Gut ist es auch, sich mehrere Standbeine zu schaffen, die sich im Idealfall ergänzen. Wenn du z.B. als Illustrator und Lehrender sichtbar wirst, verstärkt eines das andere. Man kann sich auch gerne in die Karten gucken lassen. Der Blick ins Skizzenbuch von Künstlern ist sehr beliebt, weil man dort hofft, etwas über den Arbeitsprozess, den Weg und nicht das Ziel zu erfahren. Sich zu perfekt und fertig zu präsentieren, kann also eher abschrecken. Scheitern an sich ist nichts endgültiges, sondern man geht immer weiter und versucht immer wieder, erneut einen lösungsorientierten Ansatz zu finden. Wenn ich ein Ziel jetzt nicht erreiche, arbeitet es trotzdem in mir weiter und wenn es wichtig ist, greife ich es später wieder auf. Der richtige Zeitpunkt ist das Wesentliche. Wenn er kommt, dann lösen sich die Dinge oft wie von selbst. Scheitern ist also mehr eine Chance zu wachsen, wie ein Trainingseffekt beim Sport. Der Hirnforscher Manfred Spitzer hat auf die Frage, wie ein Kind laufen lernt, geantwortet: Von Fall zu Fall.

Natürlich ist auch das richtige Umfeld von Belang, in das jemand eingebettet ist. Man muss den Nerv von seinem kulturellen Umfeld treffen und dafür eine Sensibilität entwickeln. Ob ich das tue, erfahre ich, wenn ich in den Austausch mit anderen gehe oder mir Feedback hole.

Christiane ten Hoevel: Wie kann ich zu der von dir erwähnten authentischen Qualität kommen, die sich dann durchsetzen kann?

Niels Schröder: Eine authentische Qualität basiert auf einer sehr geschulten Erfahrung, die einen immer klarer nach Lösungen greifen lässt. Andere sprechen dann davon, dass man eine gute Intuition habe, aber eigentlich ist es eine intensive Schulung, die man durchlaufen hat und immer wieder durchläuft. Dabei hat jeder etwas zu sagen, dem man seinen Raum geben sollte. Darin zeigt sich dann der eigene Kern, den man kultivieren sollte. Das ist dann mehr eine Haltung, die zu bestimmten Resultaten führt und weniger das zielorientierte Erzeugen eines Produktes. Ganz wichtig ist, zu wissen, was ich tue. Dabei hilft es, sich die eigenen kreativen Gedanken durch Aufschreiben bewusst zu machen. Dadurch erklärt man sie sich selbst, kann die eigenen Zweifel in Worte kleiden und in einer Selbstdiskussion klären. Im Grunde ist der Weg das Ziel. Im Tun und immer wieder Reflektieren lerne ich alles, was ich brauche.

Ich bin Viele

Das erwartet dich in diesem Kapitel:

- Du bekommst einen Überblick über die wichtigsten Kategorien verschiedener Arbeitsmodelle.
- Wir diskutieren ethische Werte und überlegen, wie wir die Grundlagen für deren Bildung schaffen.
- Du kannst ein konkretes, langjährig erprobtes Übungsformat zur gegenseitigen Unterstützung anwenden.

Arbeiten in Gemeinschaften mit anderen ist ein weites Feld und wird in immer neuen Settings und Formaten erprobt und aktualisiert. Wir wollen hier nur die wichtigsten Unterscheidungen treffen und versuchen etwas zu sagen über die innere Haltung, die das Arbeiten in 'Communities of Practice' bedarf. Natürlich gibt es auch eine Unmenge von Tools, von denen ein langjährig von uns erprobtes Format, das Erfolgsteam, als Übung beschrieben wird.

Autorenmodelle und kollaborative Formate

Ob man allein oder im Team arbeitet, wird nicht nur durch die Projektumstände diktiert, sondern auch dadurch, welche Arbeitsweise man bevorzugt bzw. für welche man sich entschieden hat. Demzufolge wird man sich Arbeitszusammenhänge suchen, die der eigenen Vorliebe entgegenkommen.

Für die Rahmung von Arbeitsformen lassen sich drei Hauptmodelle unterscheiden:

- Unterscheidung nach Urheber

Hier erstellst du deine Produkte selbst und bist der alleinige Urheber und Eigentümer der Produkte. Die Erstellung der Produkte ist jedoch mit Zeitaufwand verbunden.

- Kollaborationsmodell

Hier wird das Produkt von jemand anderem erstellt und du bietet es zusammen mit den anderen Partnern oder Partnerinnen zum Verkauf an.

- Unterscheidung nach Herausgeber

Hier hast du die Idee für ein Produkt, das du von jemand anderem erstellen lässt. Du kannst dir entweder die Urheberrechte daran sichern oder als Herausgeber oder Herausgeberin genannt werden.

Die drei Modelle ähneln sich in ihren kreativen Arbeitsphasen und können an den im Buch beschriebenen Prozessmodellen ausgerichtet werden. Bei Kollaborationen und Herausgebermodellen kommen zusätzliche kommunikative Aufgaben hinzu, um die vielen Beteiligten und ihre Aufgaben zu koordinieren. Mehr Kommunikation und festgelegte Arbeitsmethoden und -regeln sind hier notwendig. Eine zentrale Person, oft der oder die Artdirector oder Projektmanagerin, muss den Überblick behalten. Jede beteiligte Person sollte zudem eine Grundvorstellung von den Aufgaben des Projekts und deren Zusammenwirken haben.

Da das ein sehr komplexer Prozess ist und zum anderen zurzeit ein Shift von singulären Urheberschaften hin zu kollektiven Formaten zu beobachten ist, wollen wir hier etwas tiefer auf das kollaborative Format eingehen.

Kollaborative und kooperative Formate unterscheiden sich voneinander

Kooperatives Arbeiten ist ein Arbeiten im Team mit zugeordneten Verantwortlichkeiten, aber auch mit Abgrenzungen. Diese Form des Arbeitens übernimmt tradierte, meist hierarchische Strukturen, um die Einzelteile zu einem Ganzen zusammenzutragen.

Kollaboratives Arbeiten ist enthierarchisierend. Es sieht den Menschen mit all seinen Kompetenzen und Potenzialen. Damit nicht alle alles machen, verlangen kollaborative Arbeitsformate von allen Beteiligten nicht nur eine kritische Selbsteinschätzung, sondern auch mehr Verantwortungsübernahme für die gemeinsamen Ziele. Sie verlangen auch Einblick in alle Aspekte eines Projektes, was sich im Bedarf nach technischer Software ausdrückt, die allen den Zugriff auf alles ermöglicht.

Beim gemeinsamen Arbeiten im Team gilt vordergründig: Viele Augen sehen mehr als zwei. Es ist jedoch mehr als nur die Anzahl der Augen.

Es sind auch die Expertise, der Blickwinkel, die Werte, die Ressourcen, die (Projekt- und Prozess-)Erfahrungen und die Besonderheiten, die jedes Augenpaar mit einbringt. Diese qualitativen Anteile fließen nicht nur in die Arbeitsprozesse ein, sondern vervielfachen sich auch, sodass man sagen kann: „Das Ganze ist mehr als die Summe seiner Teile" (Aristoteles). Unter dem Stichwort der „kollektiven Intelligenz" hat sich hier ein riesiges Forschungsfeld aufgetan, das die Wirkweisen gemeinsamen Arbeitens unter diesem qualitativen Blickwinkel untersucht.

Die Vorteile gemeinsamer Arbeitsformen sind:

- Mitarbeitende fühlen sich wohler und verbundener mit dem Team, was den Druck der Selbstbehauptung mildert.
- Stärken und Schwächen werden effektiver genutzt und ausgeglichen.
- Es kommt zu weniger doppelten Arbeitsschritten, da alle den Gesamtüberblick besitzen.
- Durch gegenseitige Inspiration und direktes Feedback verbessern sich Kommunikation und Arbeitsfluss.
- Kommunikationsfähigkeit wird wichtiger und damit auch gestärkt.
- Flexible Arbeitszeiten werden durch Telearbeit und Homeoffice ermöglicht.

Wichtig zu beachten ist, dass die verschiedenen Perspektiven der Projektbeteiligten gesammelt, erfasst und sichtbar gemacht werden – entweder mit Mindmaps, Graphic Recording oder anderen visuellen Übersichtsmethoden.

Eine Herausforderung ist es, die Komplexität dieser unterschiedlichen Perspektiven auf ein Projekt in eine gemeinsam gangbare Perspektive zu bringen, mit der die Individualität der unterschiedlichen Perspektiven größtmöglich beibehalten wird. Das im Abschnitt „Phasen in Designprozesssen" erwähnte Bild der vielen kleinen Lichter kann hier sinnbildlich für die dezentrale Leuchtkraft stehen.

In einer „Community of Practice" (Wenger 1998) geht es um das gemeinsame Lernen und den Austausch in einer Gruppe. Dieses Konzept bietet euch eine Plattform, um voneinander zu lernen. Ihr könnt eure Erfahrungen teilen und euch gegenseitig unterstützen. In solchen Gemeinschaften steht das praktische, erfahrungsbasierte Lernen im Vordergrund. Ihr gestaltet euren Lernprozess aktiv mit und entwickelt eure Fähigkeiten in einem gemeinschaftlichen Umfeld. Hier könnt ihr Ideen austauschen, Neues entdecken und Feedback erhalten.

Wenger (1998, 23) definiert drei zentrale Merkmale (ebd.):

- Ein gemeinsames **Interesse**: Ihr teilt ein Interesse oder eine Praxis, wie zum Beispiel die Arbeit mit einem bestimmten Material oder die Auseinandersetzung mit einer künstlerischen Technik. Ihr könnt neues Wissen erwerben und von den Erfahrungen anderer lernen.
- Eine gemeinsame **Praxis**: Ihr seid in eine gemeinsame Tätigkeit eingebunden. Dies umfasst die Zusammenarbeit an Projekten, Diskussionen und die gegenseitige Unterstützung. Ihr erhaltet Feedback und könnt eure Arbeit reflektieren.
- Eine gemeinsame **Identität**: Ihr entwickelt ein Zugehörigkeitsgefühl zur Gruppe, getragen von gemeinsamen Zielen und Werten, die sich beispielsweise in Gründungsgeschichten zeigen. Ihr baut ein Netzwerk auf und tauscht euch mit anderen Künstler:innen und Gestalter:innen aus.

Die verschiedenen Erscheinungsformen der „Community of practice" in kreativen und künstlerischen Projekten sind hier kurz beleuchtet. Diese Gemeinschaften, die sich um eine gemeinsame Praxis herum bilden, durchlaufen verschiedene Phasen, die bewusst gestaltet werden müssen, um effektiv zu sein.

- Die Entwicklung beginnt mit der **Potenzialphase**, in der eine oder mehrere Personen ein bestimmtes Thema aufgreifen. Es handelt sich um ein Anfangsstadium, das den Grundstein für weitere Entwicklungen legt. Diese Phase ist in der Regel immer informell und erscheint zufällig.
- Darauf folgt die **Vereinigungsphase**, in der sich eine Grundstruktur herausbildet. Hier werden Ziele, Aufgaben und Kommunikationswege festgelegt. Diese Strukturierung ist entscheidend, da sie die Grundlage für alle weiteren Aktivitäten bildet und der Gemeinschaft eine klare Richtung gibt.
- In der **Reifephase** konzentriert sich die Community auf den Aufbau von Wissen und den Austausch untereinander. In dieser Phase wächst in der Regel die Anzahl der Mitglieder und die Community entwickelt sich dynamisch weiter. Ziele, Aufgaben und Kommunikationswege werden kontinuierlich evaluiert und an die Bedürfnisse der Mitglieder angepasst.

- Die **Verantwortungsphase** tritt ein, wenn ein mehrheitlich akzeptierter Zustand erreicht ist und kein weiterer aktiver Entwicklungsbedarf besteht. In dieser Phase nimmt die Menge an neuen Informationen ab und der Schwerpunkt liegt auf der Nutzung und dem Management des vorhandenen Wissens.
- Schließlich erreicht die Community die **Transformationsphase**, in der sie an Bedeutung verliert, sei es durch die Hinwendung zu anderen Informationsquellen oder weil das zentrale Thema an Relevanz verloren hat. In dieser Phase kann sich die Community auflösen oder in eine neue Form übergehen.

Die bewusste Gestaltung dieser Phasen ist entscheidend für die Langlebigkeit und Wirksamkeit einer Gemeinschaft von Praktikern in der Welt des Designs und der Kunst. Sie ermöglicht es den Mitgliedern, sich kontinuierlich weiterzuentwickeln und zur kollektiven Wissensbasis beizutragen.

In dieser noch lange nicht vollständigen Aufzählung wird schon ersichtlich, wie vielfältig die Herangehensweisen und Überlegungen in kreativen Prozessen sind, sei es in der freien Kunst oder in Auftragsarbeiten. Jeder Aspekt spielt eine wichtige Rolle, um das kreative Potenzial voll auszuschöpfen.

Merke: Kollaborative Arbeitsweisen erfordern eine sorgfältige Anpassung an die Unternehmenskultur und die Mitarbeiterbedürfnisse. Sie entfalten ihre Wirksamkeit durch das Schaffen von Freiräumen, die Verteilung von Aufgaben basierend auf Stärken und Know-how statt Rollen, sowie die Flexibilität im Einsatz agiler Projektmethoden.

Im Team kreativ sein: Freiheit versus Regeln

Die kreative Haltung zu entwickeln und zu kultivieren ist ein sehr individueller Weg, der sich über unseren ganz spezifischen Zusammenhänge, in denen wir leben und vor allem, in denen wir handeln, generiert. Da wir jedoch nicht als Einzelwesen durch die Welt gehen und besonders in beruflichen Zusammenhängen nicht abgespalten von anderen agieren, braucht es immer wieder gemeinsame Regeln, die uns helfen, unser individuelles Kreativsein in gemeinsame Schaffensprozesse einzubringen. Dafür sind verbriefte Kreativitätstechniken durchaus sinnvoll. Sie setzen einen gemeinsamen Rahmen, innerhalb dessen sich alle Beteiligten bewegen können und der dem gemeinsamen Gestaltungsprozess eine gewisse Sicherheit und Berechenbarkeit verleiht. Gerade in angewandten Auftragszusammenhängen, die die pragmatische Umsetzbarkeit von Ideen verlangen, braucht es einen Rückbezug der frei flottierenden Kreativität auf gangbare Wege, um zu einer machbaren und sinnvollen Lösung zu kommen. Ein Rahmen mit Regeln hilft dabei. Gleichzeitig verlangt Kreativität Freiheit, regelloses Tun und spontanes Handeln.

So kommt man im Laufe des Studiums oder Berufslebens mit Sicherheit mit den sogenannten „Kreativitätstechniken" in Kontakt. Diese geben mehr oder weniger strikte Regeln vor, innerhalb derer ein bestimmter Modus des Denkens vorgeschrieben wird. In diesem Rahmen wird es möglich, das Denken frei werden zu lassen, gerade weil es in einem Rahmen definiert ist.

Dieses nach Freiheit strebende Reiben an einem Rahmen ist gemeint, wenn wir in diesem Buch von einem Spannungsverhältnis sprechen. Reiben ist keine ununterbrochene Tätigkeit. Es kann auch bedeuten, die definierte Aufgabe für einen definierten Zeitraum zur Seite zu legen und etwas ganz anderes zu tun.

Techniken im Sinne von „Tue dies, dann passiert das" würden der Kreativität ein Korsett anlegen, das ihre Schöpferkraft behindert. Dennoch ist es kein Widerspruch. Es bedeutet lediglich, dass Kreativitätstechniken nicht rezeptartig eingesetzt werden dürfen, sondern in jedem Augenblick flexibel und offen gehandhabt und an die aktuelle Situation, die spezifischen Zusammenhänge angepasst werden müssen. Um auf das Bild der kreativen Fledermaus zurückzugreifen, ist der Raum, in dem sich die Fledermaus bewegt, der (Auftrags-)Rahmen und ihre Flugfähigkeit die Voraussetzung, dass sie sich in diesem Rahmen bewegen kann. Wenn sich im Team nun viele Fledermäuse in einem Raum bewegen, müssen sie darauf achten, nicht miteinander zu kollidieren. Ihr Flugverhalten verlangt die Regel, nicht zusammenzustoßen. Auch die Phasen der Raumerkundung müssen geregelt werden. Es muss ein Zeitpunkt festgelegt werden, bis zu dem alle im Raum fliegenden kreativen Fledermäuse genug Information aufgenommen haben, um erst zur schöpferischen Auswertung zu kommen und dann in eine handlungsorientierte Umsetzung. Das Arbeiten von mehreren Personen im Team ist also durch die Bewegung aller Beteiligten im Raum und im Verlauf eines Prozesses bestimmt (siehe auch die drei elementaren Faktoren im Design Thinking[1]: Team-Raum-Prozess) (Quelle: https://hpi-academy.de/design-thinking/was-ist-design-thinking.html

(Abruf vom 6.12.2023). Da diese drei Faktoren immer wieder variieren, braucht es individuelle Anpassungen. Das mag auch der Grund sein, warum es so viele verschiedene Kreativitätstechniken gibt. Auf jeden Fall ist es erlaubt, eine Technik, für die sich ein Team entschieden hat, in jedem Moment, in dem es nötig erscheint, zu variieren und weiterzuentwickeln.

Ein Team ist dabei erstmal immer nur so kreativ wie die einzelnen Mitglieder es sind. Erstmal! Denn im Teamrahmen, bzw. im kreativen Austausch kann sich das schöpferische Potential nicht nur addieren, sondern auch vervielfachen. Im Abschnitt Autorenmodelle wurde darauf schon genauer eingegangen.

In Gruppen zeigen sich verschiedene Perspektiven von selbst. Wenn man im quantenfeldtheoretischen Sinne nicht nur die konkreten Wahrnehmungen, bzw. die sprachlichen oder bildnerischen Äußerungen in Betracht zieht, sondern auch das, was im Austausch entsteht, sind wir bei einer Wahrnehmung des Feldes. Vielleicht lässt sich die Stimmungsveränderung in einem Team wahrnehmen oder die Resonanz, die das Geschehen in einem erzeugt und die eigene Sichtweise verändert oder erweitert. Vielleicht blitzt eine gedankliche Möglichkeit auf, die man vorher nicht hatte und die erst in der entstehenden Feldqualität sichtbar wird. Egal wie: Das Bewusstwerden der eigenen Wahrnehmungsweise ist ein Wahrnehmen der Wahrnehmung. Dabei „ist das Ganze mehr als die Summe seiner Teile", um Aristoteles nochmals zu zitieren.

Nichtsdestotrotz liegt der Ursprung von Kreativität im Individuum, weswegen im Folgenden noch mal genauer drauf geschaut wird, wie sich Kreativität im Handeln ausdrückt.

Intellektuelle und persönliche „Ökosysteme"

Jede Künstlerin und jeder Designer ist in ein komplexes Umfeld eingebettet, das seine Entwicklung und seine Arbeit beeinflusst. Dieses Umfeld besteht aus physischen, architektonischen, pädagogischen, menschlichen und symbolischen Elementen. Um sich als Künstler oder Designerin entfalten zu können, ist es wichtig, sich dieses Umfelds bewusst zu werden und es aktiv zu gestalten.

Die Metapher des Ökosystems ist hilfreich, um sich die sozialen und kulturellen Einflüsse vorzustellen, die die Entwicklung von Künstlerinnen und Designerinnen beeinflussen. Ein Ökosystem besteht aus verschiedenen

Elementen, die miteinander in Wechselwirkung stehen. So besteht auch das intellektuelle und persönliche Ökosystem einer Künstlerin oder eines Designers aus verschiedenen Einflüssen, die sich gegenseitig beeinflussen.

Intellektuelles Ökosystem

Das intellektuelle Ökosystem einer Künstlerin oder eines Designers besteht aus den Einflüssen, die ihre Arbeit und ihr Denken prägen. Dazu gehören Kunstgeschichte, Philosophie, Wissenschaft, Kultur und Gesellschaft. Um sich intellektuell weiterzuentwickeln, ist es wichtig, sich mit diesen Einflüssen auseinanderzusetzen und sie kritisch zu reflektieren. In diesen Netzwerken können neue Ideen ausgetauscht und diskutiert werden. Wichtig ist auch die Auseinandersetzung mit Kunstgeschichte und Philosophie. Diese Disziplinen bieten einen umfassenden Überblick über die verschiedenen Denk- und Gestaltungstraditionen.

Persönliches Ökosystem

Das persönliche Ökosystem einer Künstlerin oder eines Designers besteht aus den Menschen, Beziehungen und Erfahrungen, die ihr/sein Leben prägen. Dazu gehören Familie, Freunde, Kolleginnen und Kollegen sowie die eigene Lebenssituation. Für die persönliche Entwicklung ist es wichtig, sich mit diesen Einflüssen auseinanderzusetzen und sie bewusst zu gestalten.

Die Pflege von intellektuellen und persönlichen Ökosystemen ist eine lebenslange Aufgabe für dich als Künstlerin oder Designer. Du solltest dir immer wieder bewusst machen, welche Einflüsse deine Arbeit beeinflussen. Du solltest diese Einflüsse aktiv gestalten, um deine Entwicklung und Arbeit voranzutreiben.

Konkret bedeutet das, dass du folgende Schritte unternehmen kannst:

- Du solltest dich mit einer Vielzahl von Einflüssen auseinandersetzen. Dazu gehören die Kunstgeschichte, die Philosophie, die Wissenschaft, die Kultur und die Gesellschaft. Du kannst dich mit Kunstwerken, Texten und Ideen von anderen Künstlerinnen und Designern, Philosophinnen und Philosophen sowie Wissenschaftlerinnen und Wissenschaftlern auseinandersetzen. Darüber hinaus kannst du dich selbst mit neuen Ideen und Perspektiven auseinandersetzen.
- Du solltest dich mit den Einflüssen kritisch auseinandersetzen. Dazu gehört, dich mit den Einflüssen auseinanderzusetzen, sie zu reflektieren und sie für deine eigene Arbeit nutzbar zu machen. Du kannst dich fragen, wie

die Einflüsse deine eigene Arbeit beeinflussen, welche neuen Perspektiven sie eröffnen und welche Herausforderungen sie mit sich bringen.

- Du solltest dich aktiv mit den Einflüssen auseinandersetzen. Dazu gehört, dich mit Menschen zu verbinden, die ähnliche Interessen und Werte teilen. Darüber hinaus kannst du dir Zeit für deine eigenen Bedürfnisse und Wünsche nehmen.

Indem du diese Schritte unternimmst, kannst du deine intellektuellen und persönlichen Ökosysteme pflegen und deine Entwicklung und Arbeit vorantreiben.

Die Rolle von Lektüre und Theorie

Kreatives und künstlerisches Schaffen ist klassischerweise mit praktischem Tun verbunden. Man zeichnet, wenn man denkt, und umgekehrt. Dennoch ist es nicht zuletzt ein Kern des wissenschaftlichen und künstlerischen Anspruchs, sich systematisch mit den Ideen und Werken anderer auseinanderzusetzen. Lesen ist die direkte Umsetzung dieses Anspruchs, und so ist das Lesen eines systematischen Werkes wie eine morgendliche Meditation oder Gymnastik oder beides.

Lesen …

- hilft uns, unsere intellektuellen Fähigkeiten durch die Gedanken anderer zu entwickeln. Wir lernen neue Konzepte und Denkweisen kennen, die uns neue Perspektiven eröffnen. Wir schulen unser kritisches Denken, indem wir die Ideen anderer reflektieren und bewerten. Und wir erweitern unser Wissen über die Welt, indem wir uns mit anderen Kulturen und Epochen auseinandersetzen.
- Wir lernen, geduldig mit unserem eigenen Unverständnis umzugehen. Es ist nicht immer leicht, die Gedanken anderer zu verstehen, vor allem, wenn sie aus einer anderen Kultur oder Epoche stammen. Aber es ist wichtig, sich seiner eigenen Grenzen bewusst zu sein und sich Zeit zu nehmen, neue Ideen zu verdauen.
- hilft uns, uns mit anderen, uns fremden Perspektiven auseinanderzusetzen. Wir lernen, dass es nicht nur eine richtige Antwort gibt, sondern dass es viele verschiedene Sichtweisen auf die Welt gibt. Das kann uns helfen, unsere eigenen Überzeugungen zu hinterfragen und neue Wege zu finden, die Welt zu sehen.

Die Systematik des Lesens besteht also darin, bewusst die Irritation zu suchen. Denn alles Bekannte bestätigt unsere Einschätzungen und Sichtweisen bei der Konstruktion von Wirklichkeit. Erst die Irritation durch neue Inhalte, Themen und Werke setzt einen Denkprozess in Gang, der produktiv ist. Deshalb ist Lernen immer auch mit der Anstrengung verbunden, diese neuen Aspekte in unser Weltbild zu integrieren.

Kritische Reflexion und Irritation sind daher auch lebenslange Begleiter einer persönlichen Entwicklung, die wir systematisch anstreben sollten. Das kritische Denken des Zweifels hat sein Gegenstück in der Verzweiflung. Verzweiflung ist ein interessantes Moment, das im kreativen Prozess eine zweischneidige Rolle spielt. Auf der einen Seite verweist sie auf das oben beschriebene Unverständnis und damit auf ein zu hebendes Potential der eigenen Erkenntnis. Andererseits ist es ein Zeichen von Überforderung.

Lesen ist somit eine wichtige Grundlage für kreatives und künstlerisches Schaffen. Es hilft uns, unsere intellektuellen Fähigkeiten zu entwickeln, die Geduld mit dem eigenen Nichtverstehen zu kultivieren und uns mit anderen, uns fremden Perspektiven auseinanderzusetzen. Die Systematik des Lesens besteht darin, bewusst die Irritation zu suchen. Nur so können wir neue Denkprozesse in Gang setzen und uns persönlich weiterentwickeln.

Konkrete Tipps zum Lesen und zur Theorie

- Wähle Bücher und Texte, die dich herausfordern und zum Nachdenken anregen.
- Lies nicht nur, was du bereits kennst und verstehst, sondern auch Texte, die dir fremd sind.
- Nimm dir Zeit zum Lesen und lass dich nicht von der Länge eines Textes abschrecken.
- Schreibe deine Gedanken und Fragen zum Text auf.
- Diskutiere den Text mit anderen.

Prinzip Erfolgsteam

Das Erfolgsteam ist ein von Barbara Sher entwickeltes Selbsthilfeformat (Sher 2004) des Live Coachings. Es besteht aus sechs bis acht Personen, die sich regelmäßig treffen, um sich gegenseitig zu unterstützen. Jede

Person bringt ein Ziel oder eine Herausforderung mit, an der sie arbeiten möchte. Die anderen Teammitglieder geben Unterstützung und Feedback.

Das Erfolgsteam bietet eine Reihe von Vorteilen, die es zu einem wertvollen Format für kreative Menschen machen:

- **Unterstützung und Motivation:** Die Teammitglieder unterstützen und motivieren sich gegenseitig, ihre Ziele zu erreichen. Dies kann besonders hilfreich sein, wenn man sich selbst motivieren oder von anderen inspirieren lassen möchte.
- **Feedback:** Die Teammitglieder erhalten wertvolles Feedback von anderen Personen, die sich für ihre Ziele interessieren. Dies kann helfen, die eigenen Ziele klarer zu definieren und zu erreichen.
- **Neue Perspektiven:** Die Teammitglieder lernen von den Erfahrungen und Perspektiven der anderen Teammitglieder. Dies kann helfen, neue Ideen zu entwickeln und kreativer zu werden.

Der Erfolgsteam-Leitfaden von Barbara Sher ist ein guter Ausgangspunkt, aber es ist sinnvoll, das Format an die eigenen Bedürfnisse anzupassen. So kann das Erfolgsteam noch effektiver eingesetzt werden. Die Dauer der Treffen kann je nach Bedarf angepasst werden. Wenn die Teammitglieder wenig Zeit haben, können die Treffen auch kürzer sein. Die Rollen im Erfolgsteam können je nach Bedarf angepasst werden. Ist das Team beispielsweise klein, kann es sinnvoll sein, dass der Coach auch eine aktive Rolle als Teammitglied übernimmt.

Die Ziele der Teammitglieder können je nach Bedarf angepasst werden. Das Erfolgsteam kann auch für andere Ziele als die persönliche Entwicklung genutzt werden, z. B. für die Arbeit an einem gemeinsamen Projekt.

Übung: **Erfolgsteam**

Ziel: Du möchtest ein kollaboratives Umfeld schaffen, das dir hilft, kreative Lösungen zu entwickeln und persönlich zu wachsen.

1. Treffe dich alle 4-6 Wochen mit einer Gruppe von 3-6 Personen aus verschiedenen Bereichen. Es wird empfohlen, dass ihr alle unterschiedliche berufliche Hintergründe im kreativen Bereich habt, dann kann man sich leichter in den beruflichen Kontext hineindenken.
2. Bring eine Frage zu deinem (beruflichen) Leben oder einem aktuellen Projekt mit. Hilfreich sind Wie-Fragen, also „Wie kann ich etwas Bestimmtes einleiten, bewerkstelligen, bewältigen?“ Diese Wie-Fragen sind so produktiv, weil unser Hirn eine Fragebeantwortungsmaschine ist, die sich in Gang setzt, wenn eine Frage kommt.
3. In fünfminütigen stillen Schreibphasen sammelt jede Person ihre eigenen Ideen zu den vorgebrachten Fragen.
4. Nach der stillen Schreibphase trägt jede Person ihre Ideen in der gesamten Runde vor, wodurch zusätzliche Perspektiven und neue Ansätze entstehen.
5. Die Schritte 2-4 werden für alle Beteiligten wiederholt. Achtet dabei auf eine sinnvolle und gerechte Zeitstruktur. 20-30 Minuten pro Person sind gute Erfahrungswerte.
6. Reflexion: Diese strukturierte Übung zielt darauf ab, mithilfe von Wie-Fragen deine kreativen Denkprozesse anzuregen und Lösungsansätze für deine individuellen Anliegen zu entwickeln. Der Wechsel zwischen stiller Ideensammlung und anschließendem Austausch ermöglicht dir vielfältige Perspektiven und fördert die Entstehung neuer Ideen. Der zeitliche Abstand zwischen der Ideensammlung und ihrer späteren Betrachtung ermöglicht es dir, Lösungsansätze objektiv zu bewerten und neue Blickwinkel zu entdecken.

Abschluss und Ausblick für gestaltende Autor:innen

Wir haben dieses Buch geschrieben, um euch zu inspirieren und zu motivieren, eure Arbeit noch besser zu machen. Wir glauben, dass Gestaltung ein unendliches Spielfeld ist, in dem wir unsere Kreativität und unsere Fähigkeiten entfalten können.

Die Arbeits- und Dienstleistungsqualität von Gestalter:innen hängt ganz entscheidend von ihrer Methoden- und Projektkompetenz ab. Diese Kompetenzen können wir durch regelmäßige Übung verbessern. In den ersten Berufsjahren ist es wichtig, sich systematisch mit den verschiedenen Methoden und Vorgehensweisen auseinanderzusetzen. So können wir die ersten Lerneffekte erzielen.

Als Gestalter:innen übernehmen wir Verantwortung für die Gestaltung unserer Umwelt. Wir müssen innovative Lösungen finden, die gesellschaftliche und medientechnologische Trends aufnehmen und mitsteuern. Das erfordert eine enorme Wachsamkeit und Leistungsfähigkeit. Um diese zu erhalten, ist es wichtig, sich um eine persönliche Lernkultur zu bemühen. Dazu gehört auch, sich Zeit für Selbstsorge zu nehmen.

Schöpferische Prozesse haben meist den Fokus einer wirtschaftlichen Wertschöpfung. Daher ist es wichtig, sich mit der Funktion von Designprodukten im wirtschaftlichen Zusammenhang auseinanderzusetzen. Ein zunehmend wichtiges Feld dabei ist die Diskussion um den Begriff der „Nachhaltigkeit". Dieser fordert von Gestalter:innen eine kritische Haltung.

Durch die in diesem Buch vorgestellten Management- und Planungsmethoden werden schöpferische Prozesse tendenziell objektiviert. Diese Entmystifizierung ist wichtig, um dem kreativen Anteil der Tätigkeit einen professionellen Rahmen zu geben. Dies betrifft auch die wirtschaftliche Komponente, die insbesondere eine freiberufliche Tätigkeit in starkem Maße prägt. Aus der Selbststrukturierung folgt eine notwendige Ordnung in der Kalkulation und damit in der Buchhaltung.

Faszination, Neugierde und Leidenschaft

Neben der fachlichen Kompetenz ist es auch wichtig, eine langfristig tragfähige Struktur der Faszination, Neugierde und Leidenschaft im gestalterischen Tun zu erhalten. Dazu gehört auch, ein befriedigendes Gleichgewicht von privatem und gesellschaftlichen Leben zu finden.

Gestaltung ist immer auch eine Frage der Zusammenarbeit. Die Qualität einer Projektarbeit hängt maßgeblich von den Menschen ab, die an ihr beteiligt sind. Daher sind Freundlichkeit, Respekt und eine gemeinsame Leidenschaft für das gestalterische Tun Grundbedingungen für eine persönliche Entwicklung: Als Gestalter entwickelt man sich immer mit Menschen.

Lust auf das Unendliche

Gestaltung ist nicht nur eine Frage von Technik oder Methodik. Es ist auch eine Frage von Haltung. Wir glauben, dass es wichtig ist, als Gestalter:innen neugierig und offen zu sein. Wir sollten uns immer wieder neuen Herausforderungen stellen und unsere Grenzen ausloten.

Wir sollten uns auch nicht davor scheuen, unsere eigenen Vorstellungen zu hinterfragen. Gestaltung ist nicht nur eine Frage des Geschmacks. Es ist auch eine Frage des ethischen Bewusstseins. Wir sollten uns bewusst sein, welche Auswirkungen unsere Arbeit auf die Welt hat.

Wir hoffen, dass dieses Buch euch dazu inspirieren wird, eure Arbeit mit Leidenschaft und Verantwortung anzugehen. Gestalten ist ein Geschenk. Lasst uns es nutzen, um die Welt ein bisschen besser zu machen.

Nie alleine.

Andreas Lanig

Christiane ten Hoevel

Literaturverzeichnis

Arendt, Hannah (1958): Vita activa oder Vom tätigen Leben, Kohlhammer, Stuttgart.

Baecker, Dirk. (2019): Kybernetik und Management. Frankfurt am Main: Suhrkamp Verlag.

Bei der Kellen, R. (2015). Spiritualität bei Joseph Beuys - Religion als heilende Kraft. Deutschlandfunk Kultur. Online unter https://www.deutschlandfunkkultur.de/spiritualitaet-bei-joseph-beuys-religion-als-heilende-kraft-100.html

BM-Experts GmbH. (2019). Wo KI punktet (4/4): KI im Design für Künstler und Ingenieure. Online unter https://www.bm-experts.de

Best, Kathryn. (2015): The fundamentals of design management. London, Bloomsbury Publishing.

Bräuer, Gerd. (2016): Das Portfolio als Reflexionsmedium für Lehrende und Studierende. Opladen, UTB.

Covey, Stephen. (2005). Die 7 Wege zur Effektivität: Prinzipien für persönlichen und beruflichen Erfolg. Frankfurt am Main: Gabal.

Creative Region (2023). Künstliche Intelligenz in der Kreativwirtschaft: Herausforderungen und Chancen. Online unter https://www.creativeregion.org

Csíkszentmihályi, Mihály (2004): Flow im Beruf. Das Geheimnis des Glücks am Arbeitsplatz. Stuttgart, Klett-Cotta.

Digitalwerk. (2023). KI in der Kreativbranche: Wie wir ChatGPT und andere Tools nutzen. Online unter https://www.digitalwerk.agency

Gaub, Florence (2023): Zukunft. Eine Bedienungsanleitung. München, dtv.

Habermehl, Jenny (2024): KI für Kreative. Künstliche Intelligenz für Grafik und Design. Bonn, Rheinwerk.

Hanstein, Thomas; Lanig, Andreas (2020): Digital Lehren. Das Homeschooling-Methodenbuch. Baden-Baden, Tectum.

Hasso-Plattner-Institut. (o.J.). Design Thinking-Prozess. Online unter https://hpi.de/school-of-design-thinking/design-thinking/hintergrund/design-thinking-prozess.html

Indset, Anders (2019): Quantenwirtschaft. Was kommt nach der Digitalisierung? Berlin, Econ.

Kerzner, Harold. (2017): Project management: A systems approach to planning, scheduling, and controlling. Hoboken, NJ, John Wiley & Sons.

Kochanowska, Magdalena; Gagliardi, Walter (2022): The Double Diamond Model: In Pursuit of Simplicity and Flexibility. In: Raposo, D., Neves, J., & Silva, J. (Hrsg.) Perspectives on Design II. Springer Series in Design and Innovation 16, 20. Cham, Springer.

Kogon, Kory; Blakemore, Suzette; Wood, James (2015). Project Management for the Unofficial Project Manager. Dallas, BenBella Books.

Krautz, Jochen (2013). Ich, Wir, Welt: Zur Systematik und Didaktik einer personalen Kunstpädagogik. In: Schriftenreihe Fachdidaktische Forschung, Nr. 8, April 2013.

Lock, Dennis. (2014): The essentials of project management. Aldershot, Gower Publishing, Ltd.

Luhmann, Niklas. (2017): Systemtheorie der Gesellschaft. Berlin: Suhrkamp Verlag.

Nehls, Michael (2022): Das erschöpfte Gehirn: Der Ursprung unserer mentalen Energie – und warum sie schwindet - Willenskraft, Kreativität und Fokus zurückgewinnen. München, Heyne.

Nohl, Martina (2016) Micro-Inputs Veränderungscoaching. Praxishandbuch Coaching, managerSeminare Verlags GmbH

Parsons, Talcott (1951): The Social System. Routledge

Petzold, Hilarion G. (2004): Integrative Therapie. Paderborn, Junfermann Verlag

Phillips, Peter L. (2014): Creating the perfect design brief: How to manage design for strategic advantage. New York, Allworth Press.

Polet, Sybren (1993): Der kreative Faktor. Kleine Kritik der kreativen (Un-) Vernunft. Bensheim, Bollmann.

Popper, Karl (1934/2023). Logik der Forschung. Tübingen, Mohr Siebeck.

Schön, Donald A. (1983): The reflective practitioner: How professionals think in action. New York, Basic Books.

Seiwert, Lothar J. (2020): Mehr Zeit für das Wesentliche. Freiburg: Haufe-Lexware.

Sher, Barbara (2004): Wishcraft. Lebensträume und Berufsziele entdecken und verwirklichen. Edition Schwarzer

Staudenrausch, Tilo (2017): Organisierte Kreativität. Wie kreatives Denken Unternehmen flexibel macht. Göttingen, BusinessVillage.

Stickel, Felix (2014). Phasen des kreativen Prozesses. Kunstunterricht.ch. Online unter https://kunstunterricht.ch/cms/grundlagen/161-phasen-des-kreativen-prozesses

Suzuki, Shunryu (1975): Zen-Geist - Anfänger-Geist. Unterweisungen in der Zen-Meditation. Bielefeld, Kamphausen Verlag.

ten Hoevel, Christiane (2018): Denk mit der Hand 2. Berlin, Pluraal Verlag.

Waldenfels, Bernhard (2015): Sinne und Künste im Wechselspiel. Modi ästhetischer Erfahrung. Berlin, Suhrkamp.

Waldenfels, Bernhard (2002): Bruchlinien der Erfahrung. Phänomenologie, Psychoanalyse, Phänomenotechnik. Frankfurt am Main, Suhrkamp.

Weber, N. F. (2018). Die Bauhaus-Bande. Meister der Moderne. Berlin, DOM Publishers.

Wenger, Etienne (1998): Communities of practice: Learning, meaning and identity. Journal of Mathematics Teacher Education 6. S. 185-194.

Über die Autor:innen

Prof. Dr. Andreas Ken Lanig lebt verschiedene Berufsrollen. Als Coach in Ausbildung, selbständiger Designer und Studiengangsleiter für Kommunikationsdesign und Technische Redaktion prägt er die intellektuelle Landschaft für das Fernstudium im Fachbereich Gestaltung und Medien an der DIPLOMA Hochschule. Sein Interesse konzentriert sich auf die virtuelle Fernlehre in gestalterischen Fachbereichen, worüber er promovierte. Seine umfassende Arbeit und sein Einfluss zeigen sich in seiner Rolle als Studiengangsleiter für zwei gestalterische Studiengänge sowie als Dekan des Fachbereichs Gestaltung und Medien an der DIPLOMA Hochschule.

www.ken.de

Christiane ten Hoevel ist Künstlerin aus Berlin, die Kunst als ihre Art, die Welt zu interpretieren, sieht – eine praktische Philosophie für sie. Im Prozess des Zeichnens und Gestaltens etabliert sich für sie eine produktive Verbindung zwischen Körper und Geist, zwischen Hand und Intellekt. Sie schloss 1992 das Studium der Freien Kunst mit Schwerpunkt multimediale Gestaltung ab. Seit 2002 lehrt sie an verschiedenen Hochschulen und Akademien, u.a. ebenfalls an der DIPLOMA Hochschule. Ihre Werdegang ist geprägt von zahlreichen Ausstellungen, Preisen und Vorträgen.

www.christianetenhoevel.de, www.denkmitderhand.de